营销人员商务礼仪与沟通技巧

第二版

靳斓 / 著

中国经济出版社
CHINA ECONOMIC PUBLISHING HOUSE
北 京

图书在版编目（CIP）数据

营销人员商务礼仪与沟通技巧 / 靳斓著 .—2 版 .

北京：中国经济出版社，2018.5

ISBN 978-7-5136-5192-9

Ⅰ.①营… Ⅱ.①靳… Ⅲ.①营销—礼仪 ②市场营销学 Ⅳ.① F713.50

中国版本图书馆 CIP 数据核字（2018）第 092366 号

责任编辑　陈　瑞
责任印制　马小宾
封面设计　任燕飞工作室

出版发行　中国经济出版社
印 刷 者　北京柏力行彩印有限公司
经 销 者　各地新华书店
开　　本　710mm × 1000mm　1/16
印　　张　23.25
字　　数　245 千字
版　　次　2018 年 5 月第 2 版
印　　次　2018 年 5 月第 1 次
定　　价　49.00 元
广告经营许可证　京西工商广字第 8179 号

中国经济出版社　**网址** www.economyph.com　**社址** 北京市西城区百万庄北街 3 号　**邮编** 100037

本版图书如存在印装质量问题，请与本社发行中心联系调换（联系电话：010-68330607）

PREFACE 前言

习近平同志在中国共产党的“十九大”报告中指出“中国特色社会主义进入新时代，我国社会主要矛盾已经转化为人民日益增长的美好生活需要和不平衡不充分的发展之间的矛盾”。

对于营销人员来说，将最好的产品或服务销售到人们手中，就是在满足人们对美好生活的需求。

还有“互联网 +”“一带一路”等国家战略……

这些都为各行业的蓬勃发展，提供了新的机遇。

同时，在信息发达、商品供应多元化、客户选择余地越来越大的今天，也使营销工作面临更大挑战。

新时代，要有新思路，才能有新发展。

对客户来说，你要么出众，要么出局。

客户除了要求出众的产品品质，往往还在意营销人员是否有出众的职业素养：专业的形象举止、得体的交往艺术和沟通技巧等细节。

“天下难事，必做于易；天下大事，必做于细。”营销工作中，往往一个细节就有可能感动客户、促成交易；一个细节也有可能引起反感、失去客户。我们营销人员要有大格局的同时，也应重视小细节，这是出众的营销人员应有的胸怀。

小事成就大事，细节成就完美。不把细节当回事的人，难以获得客户的好感和信任，也难以获得真正的成功。李嘉诚在一次讲学中说："栽种思想，成就行为；栽种行为，成就习惯；栽种习惯，成就性格；栽种性格，成就命运"。

营销人员怎样塑造专业靠谱而值得信赖的仪表形象魅力，如何让自己的仪态举止保持风度，怎样营造出良好的沟通氛围，怎样在与客户往来中更受其信赖，餐桌交际如何得体有效……这些细节都必须了解和掌握、熟练应用，并贯穿于营销工作的始终。

日本的营销之神原一平非常注重细节。原一平先生以其50年的经验认为，"笑"是营销人员非常重要的助手，他总结"笑"至少有10个好处，并仔细统计了38种不同的笑。

而美国的乔·吉拉德，更是被称为关注细节的典范：面部表情、怎样倾听、发放名片、售后卡片……这些细节都是帮助他成功的关键，也成就了这位世界上最伟大的营销员，曾连续12年荣登世界吉尼斯纪录大全。

成功的营销离不开这些细节，这些细节正是商务礼仪的重要内容。

知名作家、世界知名励志大师拿破仑·希尔认为，世界上最廉价，而且能得到最大收益的一项特质，就是礼仪。

对于营销人员来说，要想出众，获得成功，就必须注意细节，掌握商务礼仪。营销人员商务礼仪就是在营销工作中应遵循的商务行为规范和沟通技巧，使和客户的往来专业化、细节化。掌握了营销人员商务礼仪，就掌握了竞争优势。否则，就有可能失去客户。

一位女士连续3年都在一家商店购物，但其中有一次这家商店的营销员对她态度很不好。这位女士愤怒之余，从此就去了另一家商店购物。12年后她跟那家商店的总经理说：“你知道，12年前我一直在你这里买东西，但由于你的营销员态度不好，我从那以后就不在你这里买东西了。我今天要把这件事情告诉你。”总经理一边听一边拿起计算器：如果平均一个星期消费25美元，那么12年来总共损失了1.56万美元营业额。一家企业能有多少这样的客户可以流失呢？

礼仪是智者的远虑，强者的谋略。

营销人员商务礼仪就是要告诉大家怎样更好地和客户打交道，从而在交往中获得好感、信任和竞争力，使我们成为仪表有风度，举止有节制，说话有尺度，交往有分寸，重细节、有格局的成功营销人！

2017年2月于北京

CONTENTS 目录

第一课

礼仪就是竞争力

THE
FIRST LESSON

他山之石

近年来，“中国制造”的含金量越来越高，如何让“中国制造”走向世界，不仅是企业面对的问题，也是国家领导人思考的问题。

于是我们可以看到，在各种外交场合，我们六十多岁的李克强总理当起义务营销员，专业地介绍、热情地展示、真诚地邀请体验……各种营销方式通通用上。特别是在一些多国会议上，经常忙得连喝水、吃饭的时间都没有。会见完一拨外宾后，抓紧和身边的工作人员开会，了解情况，讨论对策，然后又赶紧会见下一拨外宾……使得我们的“中国制造”，广为世界认知，在世界的各个角落落地生根、开花结果。

李克强总理为我们的营销人员做了一个最生动的榜样：好产品是前提，还要有得力的营销人员。

营销被认为是最具挑战性的工作，营销人员需要时时刻刻面对各色客户。作为一名优秀的营销人员，其服务意识、良好心态和专业形象举止，都是重要的素养。

服务也是营销

好的营销，就是为客户提供更好的服务，使营销工作服务化、有形化，以服务促销售，以服务促发展。

现在，我们中国的快递业发达程度世界领先。其中顺丰和京东，独树一帜。顺丰对快件送达的时限保障，京东对客户投诉的零容忍，使得他们在众多的物流企业中脱颖而出，赢得了很好的口碑效益。

市场经济是一种竞争性经济，竞争的焦点之一是服务。只有给客户提供卓越的服务，才能增强竞争优势，把握销售制胜的主动权。

做好情感服务

服务首先就是态度，就是情感服务，要求对客户表现出热情和关注，做个温暖的营销人员。这也是对客户尊重的表现。即使商品再好，但如果营销人员冷言冷语甚至出言不逊，结果恐怕也是客户的愤然流失。

要求营销人员投入百倍的情感欢迎每一位客户。在为客户服务过程中，想客户之所想，体察客户心理，当好客户参谋，解决好客户的各种难题。只有用高质量的情感服务接待好每一位客户，才能使客户以更大的热情购买更多的商品来回报企业，既而赢得口碑，企业和客户的关系才能步入良性循环轨道。

解决客户问题

客户购买商品，就是为了解决问题，这是购买的前提。如果仅有情感服务，但向客户推荐的商品不能解决他的问题，同样不会被购买。

除了要求商品能解决客户问题，营销人员对客户提出的问题也要迅速予以解决。因为在客户看来，这些问题是他们对商品价值的了解，会影响他们最终决定购买与否。而且客户在享受服务的同时，往往还很在意服务的效率，他们希望得到高效快捷的服务，这样购买的时候才会觉得更加放心。

以客户为中心

相对营销人员来说，客户对商品几乎是不了解的。出于谨慎的心理，必然希望详细了解、多处对比，所以一个问题颠三倒四地问，反反复复犹豫不决，都是很正常的现象。“以客户为中心”，意味着营销人员必须对客户各种要求予以满足或做好释疑，因为在客户看来这是基本要求，如果他们自己都对产品不了解，没信心，就谈不上采购。而有时营销人员的不耐烦，客户可能认为是不在意他或对自己产品缺陷的隐瞒。总之，都不是好事。

在与客户沟通中，不仅要做到客户问什么回答什么，更要主动替客户着想。在明白客户购买目的、用途、预算、特殊要求等信息后，做出相应推荐并介绍，使客户明白我们营销人员的苦心、用心。

现在有不少企业根据自身行业特点，提出对客户投诉零容忍，七天之内无条件退货等，都是以客户为中心的具体体现。

礼仪就是竞争力

现代礼仪是社会交往的艺术，也是表达理解他人、尊敬他人的一种手段和过程。对营销人员来说，这个手段和过程是通过和客户交往中体现出来的，以此让客户真切感受到我们专业的素养及我们身后有竞争力的产品。

现在的市场条件下，产品质量的竞争在一定程度上已趋于缩小。取而代之的是通过我们营销人员体现出的商务礼仪素养。客户通过礼仪细节，体会到我们严谨的精神，敢于负责的担当。从而获得好感和信任，加深理解、促进合作，最终获得更广的人脉，从而增强自己的竞争力。

小赵是单位作为储备人才引进的。但领导很快就发现，他是个不讲究礼节的人。天天都是那一身衣服，不管见什么人或在什么场合；早上见到同事、领导，连个招呼都不打；在和客户的交往中，都是客户主动找话题和他说话，否则，他宁愿冷场也不主动调节气氛。他代表单位的几次接待或谈判，不是以失败告终，就是客户方有意见。慢慢地，单位不再专门培养他。

营销工作中，什么样的客户都能遇到，只有客户选择我们，而我们没有权利挑剔客户。所以在和客户交往中，绝不能以个性行事，而应随遇而安。“人在一句话，佛在一炷香。”努力和客户打成一片，做到“同流”。“同流”才能交流。处处显得和他人格格不入，不能“同流”，何来交流？不能交流，何来交心？不能交心，何谈交易！

在和客户交往中，客户肯定要选择认为可靠的合作者。什么是可靠？往往源于对交往者的感觉：形象专业、举止得体、谈吐有度，办事得力。

不讲究商务礼仪，无视细节，客户往往会认为你的工作态度、提供产品之后的服务也会这样不严谨、不靠谱。这样的人，往往第一印象就被否决，失去了和对方进一步交往的资格，更不要说和他人竞争了。即使你们的产品或服务再优秀，也失去了让他人进一步了解的机会。

“士为知己者死。”形象良好，举止有度，并且时时体现出你对对方的理解、赞赏，和他有共同语言，这在对方心目中所产生的作用是无穷的——你就是靠谱的人。这样，“投之以桃，报之以李”，对方当然就会认同你，支持你。你就是他值得交往的朋友，可以合作的伙伴。

心态决定成败

爱迪生是电灯泡的发明者。他在试验过程中，尽管竭尽全力，但灯丝总是过不了几秒就烧断了。终于，在他上百次试验失败后，有人问他：失败了这么多次，为什么还继续坚持试验？爱迪生回答说：“我不认为我失败了上百次的试验，实际上，我已经成功发现了上百条行不通的道路。”正是在这种心态下，又经过上百次试验，爱迪生终于成功发明了能够持续燃烧数个月的灯丝。（如图 1-1 所示）

积极的心态是鞭策自己、鼓励自己的内动力。积极的心态并不能保证事事成功，但消极的心态则必败无疑。可以说，心态决定命运。有怎样的心态，就有怎样的人生！

坚持不懈

坚持不懈是营销人员首先应具备的心态。

在战争中，如果士兵有枪有炮，就用枪炮；子弹打完了，就去拼刺刀；刺刀断了，就用贴身的匕首；匕首打飞了，就用拳头打、

图 1-1　心态决定成败

用脚踢；胳膊和腿断了就压住敌人用牙咬；牙齿咬不动了，也要大喊为战友助威。这就是坚持不懈、永不放弃，这种精神是一场战斗胜负的关键。营销工作也不例外。坚持不懈，总有一天会获得惊喜。而天天叹气，最后只能剩下怨气。

如果在销售中一受到挫折就马上放弃的话，那就没有什么成交的机会，也难有成功可言。绝大部分的客户对营销人员的产品都会有所挑剔：或者是产品不是所需要的，或者不太喜欢营销人员的人，或者是想杀价，或者是觉得质量不好，或者只是对产品不太了解，或者仅是心理上防御性的反对，等等。所以营销人员绝不能轻言放弃，在面对拒绝、挫折时，理性分析原因、总结经验，继而继续努力，直至有最终的答案。

热情感染

玛丽·凯化妆品公司创始人玛丽·凯女士是美国最成功的商业女强人之一。她说，她早年的成功主要是因为对销售工作的热情。即使和她一起工作的营销人员比她更有才能，但她的销售额却更高，因为她具有更多的热情。在其他人看来销售工作是单调乏味的苦差事，但在她看来，销售却是一场比赛。而“玛丽·凯热情”也成了一个代名词。

雅芳全球 CEO 钟彬娴认为，热情是市场营销的最重要原则。据说热情在成功销售中所占的分量是 95%，而产品知识只占 5%。热情是一种能转变为行动的思想，一种动能，能像螺旋桨一样驱使营销人员到达成功的彼岸。

不管做什么事情，要想获得成功都离不开工作的热情，营销工作更是如此。热情可以使失败的营销人员成为一个成功的营销人员，悲观的人成为乐观的人，懒惰的人成为勤奋的人。

客户也是有血有肉有情感的，也有种种需求。所以营销人员如果一心只想着增加销售额，而没有一丝人性化的情感在内，那就很难奢谈成功。应该首先用热情去感染客户、打动客户，唤起客户对你的信任和好感，这样销售才能更加顺利。

保持热情是非常重要的。在销售之前，可以先与自己来一段精神对话，鼓舞、勉励自己。

树立信念

一位优秀的营销人员说："做销售时，经常遇到很艰苦的项目，别人都认为我输定了，甚至竞争对手已经去庆祝了。但我还是不放弃，我有一个信念：只要客户还没和他人签合同，就要积极争取到最后一分钟。"

新员工加入公司的时候，学生在新学期开始的时候，女子在刚刚出嫁的时候，往往都有一个良好信念，基于这种信念就有了积极的心态。但随着时间的推移，这种信念慢慢淡化，所以积极心态就渐渐消失：新员工上班经常迟到，工作也不主动了；学生上课总分神，学习也不够用功了；妻子和公婆也有矛盾了，家务活也懒得干了……

几乎所有的事情都可以使信念淡化，即使简单地重复工作也会消磨掉信念，营销人员也是如此。最初来到公司，都非常积极和主动，希望能得到好的发展。鉴于营销工作的高挫折率，一段时间之后有些人开始不断抱怨：待遇、人际关系、销售的艰辛，等等，原本即使认为是积极的事情，现在看来也是消极的了。积极心态不见了，营销工作的成效恐怕也越来越糟糕。

营销人员成功的信念必须始终不能动摇，就像新入职时一样，对将来充满信心，对成功充满希望，营销才更有力量。只有这样，才能有积极的心态；只有积极的心态，才能有效克服困难，销售才能不断取得成功。这样的营销人员才能更加赢得他人的尊重，获取更好的回报，成就卓越人生。

小提示大道理

心态决定一切。良好的心态，可以使人奋发向上、激情四射，面对困难毫不畏惧。对于营销人员来说，一个良好的心态更是赢得事业成功的基础：积极面对客户，乐观面对挫折。

第二课

你的形象无价

THE
SECOND LESSON

他山之石

小许是公司营销人员，工作挺努力，和同事相处也很融洽，美中不足的是不修边幅：胡子想起来就刮，想不起来就长长地龇着；皮鞋即使有明显的灰也懒得擦，实在看不下去时也只是拿纸随便擦几下；坐着总喜欢抖腿……但凡和小许接触的客户，几乎没人对他有好印象。客户来公司，除非没有其他营销人员在公司，否则老板无论如何都不愿让他接待。他一直不明白：自己明明很努力，为什么客户总不青睐他。

华尔街有一句俗语："不和皮鞋不亮的人谈生意。"也就是说，连自己形象都不在意的人，在他人看来，工作上也是不严谨并且难以值得信任的。

有人认为当一个人的社会地位和成就越高，相对来说着装的自由度就越大。但，身份再高也应尊重商业规则和惯例，而着装正是体现之一。

咱们国家身份最高的推销员——李克强总理，向全世界推销中国，每次会见客户——各国政要时，穿着都很正式。何况我们呢?

女士干练的发型

美国女性认为：女人可以没有华服，但是绝对不能没有满意的发型。发型就是我们脸部的相框，能对我们的形象起到直观的表现作用。比如，我平时喜欢简单的束发，上课的时候会把头发盘起来，产生的是两种完全不同的效果。

短发

现在的短发已经不再被人看成“男人婆”，短发让我们营销女性显得优雅而干练。

如果刚好到脸庞长度，可以将发尾微卷，让其包围脸部轮廓，达到完美修饰脸型的效果。

中分的短发，可以营造出成熟、冷静的感觉，是职场女性的完美选择。

把头发简单地别在耳后，刘海斜着梳，并且不要太厚重。这是个百搭发型，基本上各种脸型都适合。能更显营销女性的干练和专业气质。

将短发微卷，并将中分的刘海弯曲而自然地顺到两颊前，将脸型修饰得尖尖的，达到瘦脸效果。这种发型能体现出时尚、高贵的气质。瓜子脸、圆形脸、方形脸适合这款发型。

短发微卷时，可以把发丝打散，从视觉上起到增加发量、增厚刘海的作用，从而突出蓬松感并营造出小脸效果，能突出可爱气质。适合瓜子脸、鹅蛋脸、长形脸、椭圆形脸。

将头发中分，用小波浪避免发型呆板。卷翘的发尾使发型更灵动，形成 A 字形发型，塑造出积极、大气、优雅的气质。

束发

束发简单又有一种飘逸感。

如果你的头发是卷发，可以将一半头发束起来，把头顶的头发抓出蓬松感并到一定高度，这时蓬松而有束感的顶部头发及刘海，搭配卷发，既增加了动感，又提升优雅别致感。同时用适量定型发蜡揉抹在发尾，增加轻盈感。

把头发从侧面束起来也不错，把顶部头发用手抓出蓬松饱满的弧度，将头发用发夹盘到一侧，用卷发棒把发尾处理得有外卷的效果，再把刘海及两侧的直发用发夹别到耳后，不够服帖时可用发蜡定型。这种发型以蓬松柔软的顶部头发、轻盈翻卷的发尾、清爽而紧致的刘海，会给人干练知性的印象。

当束高马尾时，就把头顶和后脑部的头发适当处理蓬松点，这样更显生气。

觉得头发不够动感，可以在扎头发之前用卷发棒把头发卷成大波浪，然后用手自然顺直，扎低马尾，在后脑的位置随意拽出蓬松状。

还可以把前额做中分处理，把所有的头发都顺直梳理好向后束起，梳好后的发型在耳朵部位的头发应有弧度，这样才显得自然。

中长发

一款方便打理的、整理有形的中长发，更能增添女性魅力。

齐刘海向来都非常有亲和力，也给人更年轻的感觉。穿职场衬衣时，披肩的直发搭配齐刘海，既能展现你的温柔体贴，也不失严谨。

齐肩中发，虽然没有长发的变换多样，但把发尾向外或向内微微翻卷，也能有给人自然、清新的感觉。同时前额头发按 4 ∶ 6 的比例分缝，不管什么脸型都百搭。

中发也能打造出柔美感觉。把前额的头发做弧度后别在额头一侧，盖住部分额头，起到美化脸型的效果。其他地方用卷发棒做卷发处理，使整体发型都有蓬松感。这种发型特别适合长型脸。

自然披肩长发，发尾如果能卷些波浪造型，不仅能修饰脸型，也能达到视觉减肥的效果，对肩宽者可以有效调整身材。

盘发

盘发女士给人以优雅、大方的印象。

脸型消瘦，可以用短斜刘海来平衡，让脸型看上去恬静中又有亲和力。颧骨不高者刘海稍微宽一点效果更好。用细齿梳倒着梳头顶的头发，使其隆起并蓬松一些，也可以用垫发器垫高头发，然后在脑后盘一个利落的发髻，增加盘发发型的活力。

鹅蛋型脸，刘海部分向右上方蓬松收起后用夹子别好，露出额头，配合低低的发髻或自然垂落耳发，展现清纯而温婉的东方女性气质。

头发少或中等长度，既想优雅又想显得更年轻，可以选择辫子盘发。用编辫子的方式收拢面颊两侧的碎发，让发型看上去更加利落、精致，同时达到视觉上增加盘发发量的效果。如果有个别短的头发容易散落，就用发胶或强度定型的啫喱来固定。

借助发饰，如盘发器、U形夹子或发簪来盘发。把头发握拢，将簪子斜压在头发上。把簪子头部向下压，尾部向上翻转，翻转360° 后挑起下面的头发插进去。头发不长时把余下头发散开或环绕一下用夹子固定。我住酒店的时候，如果忘了带发簪，休息时也会借用酒店的铅笔充当发簪，感觉也很独特。

用橡皮筋先扎个马尾，把头发朝上或朝下翻一下，再扎一次。将剩余头发围着橡皮筋环绕并盖住橡皮筋后用发卡固定，使刘海伏贴在前额。出席社交场合时，可再在上面装饰一些发饰。盘发显得成熟端庄，而亮丽的发饰就是点睛之笔。

高位的盘发显得简洁大方。先在后脑高位扎上马尾辫，然后把发束围着发髻根部不停盘卷，最后将尾发绕进小夹子卷几下别好。也可以把前额的刘海向斜后方用黑色的U形卡子别住。

注意事项

肩膀宽厚者，不宜留短发；

臀部大者不宜把头发削得很薄；

头型偏扁者，头发应适当蓬松；

两颊宽者，卷发时卷度不宜从脸颊开始；

身材偏矮者，头发长度不宜超过内衣肩线……

应了解的化妆技巧

有人说，职业女性不化妆就出门，就像不穿衣服出门一样让人难以接受。我想，这话有点夸张，但化妆见客户应是注重品位的营销女性应有的习惯，更是对他人尊重之心的体现。

工作妆容

工作妆不是为打造光彩夺目的明星，所以妆面应自然、淡雅、精致。应该用不明显的色彩，以淡雅为度，体现一种自然美。

首先选择一款比自身肤色亮一度的液体粉底。用化妆海绵快速将粉底轻按打匀，然后定妆。定妆时将粉扑用拍按的手法进行，下眼睑、唇角、耳际等细小部位也应拍按到位。细节处的处理，可以用三角海绵或葫芦形海绵点按。

眉毛是平衡脸型最关键的部位，颜色不宜太浓，只需用眉粉或眉笔淡淡描出形状即可。用睫毛夹定型睫毛：把睫毛完全放进睫毛夹里，先夹睫毛中部，再夹根部，使睫毛有自然的弧度。

涂抹睫毛膏时先横着涂，以增加睫毛的浓密度，然后再拉长。下睫毛可以不打睫毛膏或用睫毛膏轻刷一两下。睫毛如有粘连，在睫毛膏没干之前就用小梳子梳开。

扫腮红时，把腮红扫在笑肌处。圆脸型应斜向上扫；长脸型应呈圆状扫，再横向扫几下；颧骨高者，扫在笑肌偏下一点的位置。

在唇部涂上唇膏，唇彩或唇蜜，在下唇中部适当涂一些唇彩，使唇部更立体饱满。

最后用粉扑把脸部和颈部做一下过渡。一个自然、淡雅、精致的工作妆就此完成。

社交妆容

社交妆也称晚妆或晚宴妆，力求高雅、华贵、富有女性魅力。社交妆的整体用色淡雅并比工作妆稍浓，而晚上的社交妆又稍比白天的浓一点。但忌过于浓艳，太浓艳的妆色并不能很好地表现出营销女性的端庄和优雅。

首先在面部均匀涂抹上质地细腻的粉底液，利用粉底液深浅不同的颜色突出面部立体结构。晚宴穿晚礼服，裸露在外的皮肤也要涂抹粉底霜，使整体肤色一致。涂均匀后用蜜粉定妆，扫去多余的粉，使肤色自然。

社交妆的重点是眼睛、腮红和口红。眼部化妆的眼影用色应简单，以强调眼部的神韵、含蓄。颜色过渡柔和，表现眼部的立体结构。眼线应纤细整齐，不夸张。

眉形画得略高挑并有流畅弧度，眉色不宜过浓黑。腮红颜色应柔和，涂抹面积不宜过大，和肤色衔接自然。

社交妆可以用假睫毛。假睫毛长度应适当修剪使之更逼真。眼部画上眼线后，用睫毛夹把真睫毛夹弯并上翘，再将假睫毛涂上专用胶水。待胶水稍干后，用夹子把假睫毛夹好后粘在眼睫毛根部。再给真假睫毛抹睫毛液，使两者融为一体。

唇形要求勾勒整齐，轮廓清晰，唇膏色的整体妆色协调。唇部外延色彩应偏重，有精细的轮廓，唇部主体为主体唇色，中部也可以选富有光泽的唇彩或唇油，以形成生动的立体效果。如果参加晚宴，涂唇膏后用纸吸去多余的油，再施一层薄粉后涂一遍唇膏，这样既能牢固持久，还可以避免唇膏遗留在餐具上的尴尬。当然也可以直接抹不粘杯的口红。

女士服装搭配礼仪

“女人永远觉得衣橱里少一件衣服”，但关键衣服应该是适合自己的，而不是一时的冲动剁手。所以在尊重场合着装规则的前提下，怎样挑选最适合自己的服装，的确是一门学问。

根据脸型挑选

如何准确把握自己的脸形特点，并选择相应服装，是对营销女性穿衣风格的重要考验。

圆脸。带圆圈图案的高领或横开的窄领型是圆脸人的禁忌。领口太小也不宜。适合穿V字领和长方形领口的衣服，无领、矮领以及领口稍下的尖领服装也都不错。

方脸。尽量选可以减少脸部棱角感的衣服领型，圆领最适合方脸型人。选用外衣和衬衣时，以领口开得深一些的圆领、尖领为佳，如双翻领。不宜采用方形、横向圆领口服装，这些领型会加重脸型的棱角感。

长脸：切忌采用长型或狭长型等容易在视觉上夸大脖子与脸型长度的领式。多选用能使颈部外露较少的领型，开领越浅越好。一字领比较适合长脸女士穿着。另外，圆披肩领、圆领等也是适合的领型。

瓜子脸：瓜子脸比起前三种脸型都更容易搭配服装，几乎任何领型都可以搭配。

根据体型挑选

着装的重要任务就是根据体形挑选，扬长避短，衬托出人体的自然美。理想身材比较好配衣服，难的是其他不理想身材。

体型较胖：宜选有收缩感的深色、冷色调。不宜穿夸张花色图案的衣服。选择纯色或有立体感的花纹，比如竖条纹。穿短上装就应避免穿短裙，上装和下装比例不要太接近，比例越大越显身材的修长。（如图 2–1 所示）

体型消瘦：色彩宜用富有膨胀、扩张感的淡色，沉稳的暖色调，以产生放大感，显得丰满一些。不宜穿清冷的蓝绿色调或高明度的暖色。还能用服装的花色调节体形，比如大格子花纹、横条纹能使瘦体型横向舒展、延伸，变得稍丰满。

梨型：其特点是上身瘦，腰细、腿粗、臀大。上装用明色调如白、粉红、浅蓝等；下装用暗色调如黑色、深灰色、咖啡色等。臀部太大，不宜穿太短外套。外套宽松的底摆，不跟下装紧贴起来的上衣最合适。

苹果型：这种体型恰好和梨型相反。上身宜穿深色系衣服提高收缩的效果，下装着明亮的浅色。

脖短：不宜穿高领的服装，适宜 V 领口和低领口的服装。

腿短：上装色彩和图案应比下装华丽、抢眼些，或者选择统一色调的套装，以增加视觉高度；尽量穿暗色调的裤装。

腰粗：最好穿深色的上衣，如黑色、深咖啡色，和衣服同色或近色的腰带，会产生细腰的效果。

窄肩：上装宜选浅色或带有横条纹的，以拉宽肩部造型，下装宜用偏深色。

图 2-1　根据体形搭配衣服

根据肤色挑选

根据肤色挑选衣服是为了让衣服穿在身上后，使我们的面部皮肤提亮、变白。这是最基本目的。

肤色发灰：衣服主色应为蓝色、绿色、紫罗兰色、灰绿色、灰色、深紫色和黑色。不宜用白色作为衣着和装饰，不适合粉红和粉绿，其他颜色都可以选。

肤色黝黑：宜穿暖色调衣服，以白色、浅灰色、浅红色、橙色为主，黄棕色、黄灰色、绿灰色也可以选。不宜与湖蓝色、深紫色、青色、褐色搭配。

肤色黑红：可以选浅黄、白或鱼肚白等色的衣服。不宜选浅红、浅绿色的服装。

肤色红润：可以选用微饱和的暖色服装，也可采用淡棕黄色、黑色加彩色装饰，或珍珠色用以陪衬健美的肤色。不宜选紫罗兰色、亮黄色、浅绿色、淡灰色、纯白色。

肤色偏红艳：可以选浅绿、墨绿或桃红色的服装，也可穿浅色小花纹的衣服。不宜选鲜绿色、鲜蓝色、紫色或纯红色的服装。

肤色偏黄：可选暖色、淡色的服装，不宜选亮度大的蓝、紫色类服装。

肤色黑黄：可选浅色质的混合色如浅杏色、浅灰色、白色等颜色服装。不宜选驼色、绿色、黑色等颜色衣服。

肤色较白：这种肤色不宜选冷色调的服装。

白里透红：肤白最好配衣服。选素雅淡色系服装最理想，不宜选有强烈色系的服装。

女士场合着装礼仪

虽说“穿衣戴帽，各有所好”。但作为营销达人、职场“白骨精”，在穿着上绝不应只凭“所好”。

工作装

工作场合裤装、裙装都能穿着。

穿裤装时，裤长一般到脚面。不宜穿紧身裤。

套裙是工作装首选。套裙即上衣是女式西装，下衣是裙子。也可以是连衣裙外加西装上衣。两件套裙装，上衣和裙子可以是一色，也可以采用上浅下深或上深下浅两种不同的色彩。穿着同色套裙，可以用不同色的衬衫、领花、丝巾、胸针、围巾等饰品来点缀。同时，一套套裙的主要色彩不应超过两种，其主体图案不宜是大型花卉、宠物、人物等。裙子最短不短于膝盖以上 15 厘米。夏天应内穿衬裙，衬裙颜色可以接近或浅于外裙的颜色。

黑色、浅灰、浅棕色等单色袜，可以在穿着与其同色的裙子时穿着；肉色袜是工作场合的常规选择。穿着袜子时以不露袜口为宜。网眼、镂空，或印有时尚图案的袜子不宜搭配正装套裙。

工作场合着装最规范的鞋，应是黑皮鞋或和裤子或裙装颜色一致的高跟、半高跟的船式皮鞋或盖式皮鞋，前不露趾、后不露脚跟的皮凉鞋也可以选择，只是正规程度稍次于前面几种。隆冬季节可以选择搭配短靴。如果没有严格要求，不搭配套裙时也可以穿凉鞋（穿凉鞋时不穿袜子）、皮凉鞋、皮靴等。但在接待、宴请、会议、签约、仪式等正式场合，应穿规范的皮鞋。穿裤或者职业裙装忌穿运动鞋。

宴会装

普通的商务酒会可以选择设计简洁、不过分华丽张扬的小礼服，也可以穿着偏于时尚的露肩裙装，包括一般的 Party 都可以这样穿着。正规晚宴的着装可以隆重、性感，穿着奢华的晚礼服。

选正式宴会装时，黑色、开领、无袖、露肩、坠地的款式永不落伍，如果对如何选择晚装拿不定主意，挑选黑色总没错。慎选用绣片、花边、亮珠坠得全身五颜六色的款式，这些款式不一定好搭配首饰，也不一定适合你。注意所选装束能否突出你身体最值得骄傲的部分，无论肩膀、腿、臀部，还是胸部。如果晚装是素雅的白色或黑色，细节修饰很少，可以用耀眼的首饰相配。当晚装上已有不少刺绣、珠片、花朵时，即使不戴首饰也能达到好的效果。珍珠、水晶、宝石和金质的首饰适合晚宴场合。

舞会装

大型舞会时，应穿礼服，可以是低胸、露背的大摆裙，颜色可以鲜艳，也可以庄重高雅。露肤的晚礼服应戴成套的首饰：项链、耳饰、手镯。家庭舞会时，最好穿便于舞动的裙装或者旗袍，搭配色彩协调的高跟皮鞋。民族服装是非常好的礼服，完全可以穿着参加舞会。即使制服再漂亮，也不能穿着参加舞会，这是对与会者的起码尊重。

女士中式、西式礼服

礼服是在一些正式而又重要的社交场合所穿的服装。女士中式礼服为旗袍。西式礼服特点是白天密实，夜晚露肤，晚礼服可以用闪光布料及装饰品。

中式礼服

旗袍是我们中国女性最靓丽的服装，更显东方女性魅力。作为礼服的旗袍最好是单一颜色，一般常在绸缎面料上刺绣或饰物。开衩不宜太高，以到膝关节上方 1 寸至 2 寸为宜，旗袍的长度，一般长到脚面。配穿高跟鞋或半高跟鞋或中式高跟缎面布鞋。和旗袍相配的内衣款式和颜色上也要精心选择，要求妥帖、无痕，丝袜口不允许从旗袍开叉处外露。纽扣全部系好，否则会给人产生轻浮感。旗袍外面可以搭中式风格的绣花外套、披肩，别有一番韵味。

而现在备受欢迎的改良版旗袍，下摆长至小腿肚，有的两边不开衩。更适合出席白天的重要场合穿着。（如图 2–2 所示）

图 2-2 旗袍是中式礼服

西式礼服

常礼服又叫晨礼服。一般是质地、颜色相同的上衣和裙子搭配而成，端庄、郑重的套装就可以。也可以是单件连衣裙，戴帽子和手套，这是白天特别是在户外举行迎送贵宾仪式或典礼、正式访问、午宴时的服装。常礼服不宜过于暴露肌肤，一般以长袖为多，避免领口开得过大或臂膀过于裸露。鞋的造型要求严谨，常用宫廷鞋、浅口鞋、高跟鞋及便鞋，前后镂空的鞋等，皮鞋可以是由漆皮、牛皮、鹿皮、羊皮等材料制成。常礼服表现出优雅、端庄含蓄的特点。（如图 2–3 所示）

小礼服。这种礼服介于常礼服和大礼服之间，比起豪华气派的大礼服，这种服装更注重场合、气氛，相对简化一些。一般长至脚背而不拖地，裸肩、单色连衣裙或套装。主要用于参加晚上 6 点以后的宴会、鸡尾酒会、颁奖仪式、舞会、音乐会或其他演出活动等晚间活动。（如图 2–4 所示）

大礼服也叫晚礼服，是女士礼服中最高档、最具特色、充分展示女王范儿和个性的礼服样式。可以是低胸露背、拖地或不拖地的单色连衣裙，主要用于隆重宴会或招待会等晚上 8 点以后的大型、庄重的活动。常与披肩、外套、斗篷之类的衣服相配，与华美的装饰手套等共同构成整体装束效果。多配高跟细袢的凉鞋或修饰性强、与礼服相宜的高跟鞋。如果脚趾外露，就得与面部、手部的化妆同步修饰。（如图 2–5 所示）

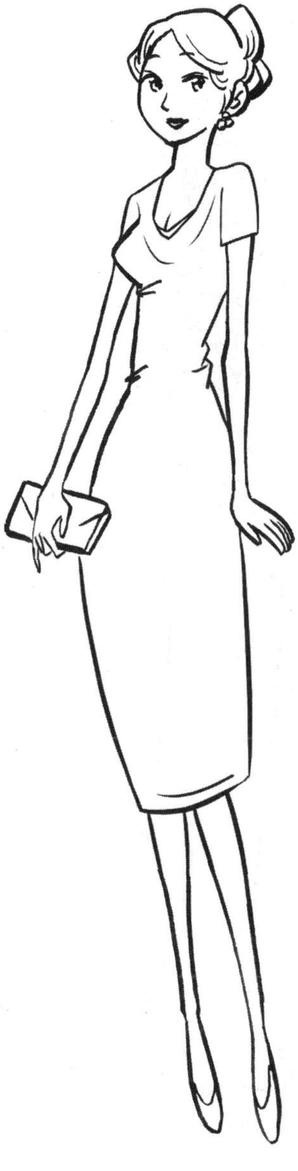

图 2-3 女士常礼服

图 2-4　女士小礼服

图 2-5　女士大礼服

现在人们在礼服上更崇尚舒适实用、经济美观。我们可以外租礼服，也可以用西装套装式、短上衣长裙式内外两件的组合等搭配来代替礼服穿着。

女士首饰搭配礼仪

可以说饰品是专为女士准备，如同女人的第二张脸。合适的饰品可以使女士更有品位，更具魅力。

耳饰选用

佩戴耳饰，必须注意其造型应和脸型相得益彰，起到扬长避短的效果。

瓜子脸是相对完美的脸型，容易选择耳饰。方脸型宜佩戴圆弧形耳饰；长脸型宜选择圆形耳饰；尖下巴者适合佩戴圆形吊坠式耳饰；圆脸型适合戴坠式、三角形或四方形的耳饰。

耳饰色彩应与着装色彩相协调。耳饰和着装为同一色系，能产生和谐的美感。反差比较大的色彩搭配要恰如其分，使人充满动感。

耳饰色彩应和肤色互相陪衬。肤色较暗者不宜戴过于明亮鲜艳的耳饰，可选择银白色。如用珍珠耳饰来掩饰肤色的暗淡，皮肤白嫩者适合佩戴红色和暗色系耳饰衬托肤色的光彩。

营销人员的耳饰讲究简洁、大方，而夸张的几何图形、粗犷的木质耳环、吉卜赛式的巨型圆环，不适合佩戴。

晚宴时适宜佩戴与礼服协调的大而夸张的耳饰，既华贵高雅，又具女神魅力。

长发女性，用耳坠搭配更能展示出淑女风采；短发和精巧的耳钉搭配能衬托出干练；不对称的发型和不对称的耳饰搭配能使人赏心悦目；古典发髻搭配吊坠式耳饰看起来更加优雅高贵。

戴眼镜的女士不宜佩戴过大的耳饰。如佩戴两个大大的圆环，给人的感觉就像是某汽车标志一样。可选择小巧玲珑的耳钉、耳包，美而不媚，雅而不俗。

项链选用

颈部粗短的女性应选细而长的项链。颈部细长的女性应佩戴稍粗的贴颈短项链、带状颈圈或大圆珠宝石项链。

佩戴的项链应和服装协调。身穿柔软、飘逸的丝绸衣裙时，佩戴精致、细巧的项链，看上去会更加动人。项链的颜色要与服装的色彩成对比色调为好，这样能形成鲜明对比。如单色或素色服装，佩戴色泽鲜明的项链，能使首饰更加醒目；而在项链的点缀下，服装色彩也显得丰富。

色彩鲜艳的服装宜戴简洁的项链，使服装色彩产生平衡感。

领口造型复杂的上衣，最好不戴项链，否则会有累赘感。

胸针佩戴

胸针一年四季都可以佩戴，具有加强或减弱外观某一部位的注意力，达到着装和首饰相得益彰的审美效果。

胸针的质地、颜色、位置，需要考虑和服装的和谐。穿正装可以选择大点儿的胸针，材质也应好一些，色彩要纯正。穿衬衫或薄羊毛衫时，可以佩戴款式新颖别致、小巧玲珑的胸针。晚上出席活动，优先选择镶嵌钻石的胸针，这样更能达到光彩夺目的效果。

夏季宜佩戴轻巧型胸针；冬季宜佩戴较大的、款式精美、质料华贵的胸针；而春、秋季可佩戴与大自然色彩相协调的绿色或金黄色的胸针。

胸针佩戴的位置也有讲究。最传统的方法是将胸针扣在外套的翻领上，戴在左侧；不带领的衣服，则佩戴在右侧。发型偏左，胸针可以佩戴在右侧，反之则戴在左侧。胸针应戴在胸部与肩部之间的位置。

一般在重要场合，可以和有一定档次的衣服配套使用，以提升整体着装品位。比如在典礼、宴会等正式场合或自己认为重要的场合。

戒指选用

细长的手指戴任何戒指，都能把手指衬托得分外秀丽；手指粗短，如佩戴上蛋形指面的戒指，会增加手指的细长感，但要选择窄边指环。手指细短，应戴纤细的戒指，且戒指以镶嵌碎钻、细小宝石为宜。手指粗大，应选择粗线条的戒指，并且戒指上也应镶嵌稍大的宝石。

除大拇指外，其余手指都能佩戴。戒指戴在不同的手指表达出不同的含义，国际流行的寓意是：左手食指表示未婚，中指表示热恋中，无名指表示已订婚或结婚，小指表示独身或终身不嫁 / 不娶。而一些花式戒指，很多人喜欢戴，完全是为装饰，没什么特殊含义。

佩戴戒指要是紧、不好戴，可以在手指上涂点护手霜。太松，可以在戒指指轮内缠上几圈红线。

如果不是仪式需要，或为彰显你的个性或财富，一只手上不要戴两枚以上的戒指。

注意事项

不戴大耳环、粗大项链。

不宜带悬垂的夸张长耳坠。

项链上有链坠时，仅限一枚链坠。

禁忌戴有怪异的图形、文字链坠。

禁忌戴夸张的耳饰或一只耳朵戴多只耳饰。

手链、脚链，不适合营销人员在商务场合佩戴。

不戴奢侈型饰品。全身佩戴饰品最多不超过三件，讲究小而精巧、同色同质……

女士包的使用礼仪

在英国历任首相的配饰中，有三件东西特别有名：一是丘吉尔的雪茄；二是张伯伦的雨伞；三就是“铁娘子”撒切尔夫人的手提包。她的手提包真可以称得上是“百宝箱”，里面什么东西都有：笔记本、公文、政策文件、手帕、手电筒，甚至还有梳子、口红。撒切尔夫人任英国首相时的发言人伯纳德·英格汉姆在评价她的手提包时说：“撒切尔夫人的手提包是她的年龄、她的教养、她的身份和她性别的象征，当然更应该看成是她权力的象征……”

俗话说：“男人看表，女人看包。”包的作用对女性营销人员来说绝不亚于首饰，不仅是女士出行必备的物品，更被上升到关乎个人品位的位置。

有些女性营销人员为图省事，无论何时都使用同一只包，以致他人只要看到包就知道是谁“驾到”。比较理想的状态，是应根据不同场合使用不同的包。

上班用皮包

上班用的皮包面料应是真皮的，牛皮、羊皮制品最合适。当然，从环保角度考虑，现在一些新型环保材料制作的，有质感的包也可以用，而且往往更耐用。肩挎式、手提式都可以，样式不宜显得过于男性化。款式和细节上可以有鲜明风格，像流苏、铆钉、金属链、镶嵌等装饰都可以。大小能放得进 A4 纸就可以了，没有必要再大。

颜色以黑、咖啡、棕色、茶色、白单色系或者深色格纹最多，一只包不超过两种颜色，单色最佳，并和穿着的服装颜色相配套。

皮包里面的设计工艺比其外观重要得多。在购买皮包之前，最好带上日常可能需要装到包里的主要物品试装一下。

休闲场合包

休闲场合对女士包的讲究不多，款式、质地、颜色上有了更多选择，可以充分展现自己的个性。皮质、混纺麻质、做工精良的织品以及帆布包、草编包等，都可以选择。

手包选择

经常看到女性明星、大咖手里的一款款小手包，再配上华贵的礼服，不由得产生一丝羡慕。手包，我们营销界的女性值得拥有，虽然不一定是爱马仕、香奈儿或兰蔻。

参加晚宴、Party 的手包应小巧、精致，颜色可以亮丽，根据衣服颜色搭配。其中金色、银色的手包特别适合在晚宴时使用，在灯光下更显得高贵、典雅。式样和花纹不宜太复杂，其大小能方便在一只手里轻松拿着就好，只是用来放补妆用品、手机等小物件。

用在正式场合，比如宴会和舞会，谨记手包的做工和质地都高档上乘的手包才是明智选择，材质可以选择绸缎、天鹅绒、漆皮、珠饰布面，黑色或金、银色系是首选。

日常而非重要社交场合使用，应尽量选择尺寸稍大点的手袋，以方便放更多物品。

与服装搭配

黑、白、灰、棕色的包可以说是百搭色。在条件允许时，还可以充分考虑到皮包和服装的颜色搭配，使其发挥出相得益彰的效果。

黑色包：百搭色，能搭配一切颜色的衣服，但搭配白色、灰色、米色、蓝色衣服效果更好。

白色包：百搭色，能搭配一切颜色的衣服。

灰色包：百搭色，能搭配任何颜色的衣服。

咖啡色与米色包：能搭配基本色（黑、白、灰、蓝）的衣服。

蓝色包：能搭配基本色白色的衣服。

深蓝、浅蓝色包：能搭配黄色、红色的衣服。

粉色包：独一无二的女士色彩，能搭配白色、黑色、深浅粉、玫瑰色的衣服。

紫色包：高贵优雅的色彩，能搭配同色系深浅不同的紫色衣服，以及黑色、白色、黄色、灰色衣服。

橙黄色包：激情与充满活力的色彩，能搭配橙、黄之间的各种颜色衣服，也可以和白、黑、绿色衣服，或各种蓝图案服装相搭配。

注意事项

即使是高仿版的皮包也不宜选用。这无关价格，而事关诚信和尊严。用名牌不是为了炫耀那方寸间的标志，而是一种生活态度和品位。

除商标外，商务场合的皮包在外表上不宜带有太多的图案、文字。

保持包的良好版形，不放大件物品、太多东西。

无论肩背还是手提，都应避免两边甩动或摇晃，也忌挟在腋下或用手指抓住皮包。

进屋后，把公文包放在自己就座附近的地板上或指定之处。女士小包可以放腿上或身后座椅上。

男士修面礼仪

调查显示：在职场女性眼中，精英男士的形象，除着装不得体让人大跌眼镜外，最大禁忌就是油腻的头发和汗臭味。

须发

合适发型对男士也很重要，务必要从“头”开始注意自身形象，不做“油腻男”。

应根据脸型来扬长避短地选择最适合自己的发型，有必要的话还可以请专业发型师设计，然后每次都请固定理发师照这样打理就好。

最理想的状态是 20 天左右理一次头发，确保发脚线始终整齐。营销男神的头发最佳长度是：前不遮眉，侧不盖耳，后不及衣领。不宜剃光头，除非无发。

注意随时保持头发的清爽、整齐。蓬乱、有明显的头皮屑或者油光发亮，都是营销人的禁忌。至少两天洗一次头发，油性头发应清洗得再勤些。很多男士觉得护发素是女士的专利，这是很奇怪的想法。男士也可以选择护发素，和洗发水一样，必须根据自己的发质来选最合适的。

一般不要染发，白发染黑除外。

营销人员不是艺术工作者，所以怪异或个性化的发型不是我们应该拥有的。对于烫发这种非常个性化的表现，在商务场合同样受到排斥。

如不是因为宗教信仰而必须留须外，应养成每天剃须的习惯，确保没有胡茬。

注意经常修剪鼻毛，避免其在鼻孔外随风飘摇。

面容

男士的面子如同女士的超短裙，容不得半点闪失。无论什么季节，保持面容清洁、无异物，都是起码的礼仪。

而眼角、鼻孔、耳朵，都是清洁的重点区域，但不要在公共场合做这些部位的清洁工作。

男士使用适当的护肤品保护皮肤也非常有必要，在干燥季节一定要保持皮肤的湿润，避免起皮。

唇部应始终保持滋润，尤其在干燥的季节，应该准备润唇膏。一个唇部干裂的人，还不时地舔舔唇部，以这样的状态站在他人面前营销产品，总会让人产生莫名的烦躁。

除非你想改行，否则不要打鼻钉、唇钉或者戴任何的耳饰。

牙齿

牙齿不仅要清洁、洁白，还要有清新的口气。除了不把牙齿当作咬硬物的工具之外，还应加强护理。早晚科学地刷牙、餐后漱口是起码的个人卫生习惯。刷完牙后使用牙线，能十分有效地清除牙缝中的残留食物，防止蛀牙。烟和浓茶是牙齿变黄的重要因素。牙齿上如果有不易祛除的牙垢，就应去专业机构洗牙了。

在工作时间以及客户会面、私人社交之前，都不应吃容易产生口气的菜，像韭菜、生蒜、生葱、生洋葱，等等，否则只能“处处受气”，招人反感。（如图 2-6 所示）

感觉自己口腔有异味时，可以用一些方式祛除异味，如喷口喷、嚼口香糖、嚼茶叶等。当然，这些都不应当着他人的面进行。

男士商务正装礼仪

俗话说：“先敬罗衣后敬人。”营销男士的着装问题当然不可以马虎。

重要的商务场合，如签约、高端招待会、发布会、重要洽谈会议、拜访重要人士等，都应穿着商务正装，也就是要穿西装、衬衫、皮鞋配领带。特别是中高层商务男士，穿商务正装不仅是自重，更是对同事、公司、客户以及现代商业规则的尊重。

西装

营销男士应有几套合体的西装，哪怕价格高一点也值得。合体的西装能更好地提升自己的风度和品位。

图2-6　有口气 处处“受气”

商务场合单排扣西装比双排扣的更普及，也更受欢迎。色彩应是单色，藏蓝色是首选，灰色或棕色也可以考虑，一般不选黑色，黑色是礼服色，平时穿会让人觉得太过严肃。不宜有图案，但可以选择“牙签呢”缝制的竖条纹西装。

一般场合穿两件套西装，即西裤、西装上衣是一套；三件套，即西装里面还穿一件马甲，只有在参加高层次的活动时才穿。西装上衣可以另配西裤，另配的西裤质地应和上衣接近，至少不能比上衣单薄，颜色接近或深于西装上衣。亮面西装不宜作为商务正装。

西装上衣的最佳长度，是手臂向前伸直的时候，衬衫袖子能露出西装外套袖口的 1~2 厘米。

穿新西装之前先拆除上衣袖口处的商标或质地的标志。

单排两粒纽扣西装，只系上边那粒；单排三粒纽扣，只系中间一粒或上中两粒。但双排扣西装则都系上。

西装背心有单排扣式和双排扣式两种。单排扣式马甲最下面的那粒纽扣不系，而双排式纽扣全部系上。

西装上衣外胸袋只放丝质口袋巾，内侧胸袋放轻薄物品，外侧下方口袋不放物品。

就座后，上衣的纽扣可以解开，起身后再系上。

禁忌挽、卷西装上衣衣袖或西裤裤腿。

西裤裤线保持笔挺，以站立时裤长能盖住鞋面、不露出袜子为宜。裤腰提到靠近身体自然腰线的位置，腰头平贴腰部，系好搭扣，不能卷曲翻转，不露出内裤边。

西装裤子侧面的口袋最多放一点儿纸巾、小钥匙包等不影响裤型的小件物品，尽量减轻口袋负担。后侧口袋不能放任何物品。

衬衫

和西装一样，衬衫是营销男士的必备。配西装的衬衫应是长袖的，以纯棉、纯毛制品为主的正装衬衫；以棉、毛为主要成分的混纺衬衫也可以酌情选择。全棉免烫衬衫虽然价格上稍高，但因为好打理，受到很多营销男士的欢迎。衬衫可选单一色彩的浅色，白色最佳。正装衬衫不应有夸张图案，较细小的几何图形衬衫除外；但条纹衬衫忌搭配条纹西装。

商务正装衬衫的领型多是方领、短领和长领。正装衬衫的领型大小应和本人的脸型、脖长相协调。立领衬衫配西装不能作为商务正装。

衬衫衣领的最佳高度，伸直脖子的时候衬衫领口能外露于西装领口 1~2 厘米；衣领的宽度，以扣上第一粒扣子后能自然地塞进自己的一只手指为宜。

一般商务交往中，长袖衬衫不宜单独外穿。

打领带时衬衫所有纽扣都应系上，下摆均匀地掖到裤腰内。不打领带，则应解开衬衫领扣。

衬衫内一般不穿除薄背心之外的其他内衣，背心颜色要浅于衬衫，并确保不外露。

如果经常有应酬，特别是有正式晚宴、舞会之类的应酬，建议衣橱里准备一至两件白色法式双叠衬衫，高管更应如此。

根据惯例，正式场合中西装和衬衫之间不应穿毛衣。冬季必须加毛衣时，以单色V领薄型为主。

皮带

男士商务场合用的皮带质地须是皮质，首选黑色；穿棕色皮鞋时，宜选棕色皮带。皮带的长度，系好后的尾端应介于第一和第二裤绊之间，并确保不翘立出来。皮带上除本身纹理或压制的商标外，不应有其他装饰，更不宜悬挂物品。皮带扣要求简洁，太花哨会显得女性化；应是自动扣，针式皮带扣不适合正式商务场合用；皮带扣以金属质地为主。

鞋袜

同深色西装配套的鞋子，只能选择深色、单色的皮鞋。黑色牛皮鞋和西装最般配，棕色也可以选择。磨砂皮鞋、翻毛皮鞋不是正装皮鞋。

商务正装皮鞋，除了本身的商标，不应再有其他图案、装饰。系带皮鞋是非常正规的选择，三截头皮鞋最正式。鞋跟在2厘米左右，不钉金属鞋掌。船形皮鞋、盖式皮鞋、拉锁皮鞋、皮凉鞋都不是商务正装皮鞋。

确保皮鞋永远清洁。在包里应该装上擦鞋器备用，如无擦鞋器，至少也应准备上擦鞋布。脚气较重的人，应该随时备有香水，以备“不时之需”。

袜子最好是纯棉制品。颜色一般是深色、单色，其中黑色最正规。袜口要松紧度适中，弹力和束缚力好。袜筒的最佳长度，以穿上拉伸后可以够到小腿肚，坐下时不露出袜口为宜。

男士商务休闲装

在现代商场竞争激烈的同时，也刮来了一股商务休闲风。很多单位为了让员工减轻压力，从着装上放宽了一些要求，提倡正装休闲化，即商务休闲装，广受营销人士好评。

商务休闲装就是介于商务正装与休闲装之间的着装。其款式可以简约、宽松些，材质上可以柔软些。商务休闲装看上去不再像商务正装那样严肃、拘谨，而是体现出特有的舒适、自然和适度轻松。

着装时机

商务休闲装，当然是在商务场合范围之内穿着，区别于那种居家、朋友聚会、个人度假、逛街散步等，纯粹个人时间的休闲。这些场合有：

提倡正装休闲化的单位；

本单位没有着装要求时，可以穿着商务休闲装；

在非正式场合或某些特定的情况下；

周五允许穿休闲装的单位，即周五休闲装；

外出考察时；

陪同考察参观时；

出差路途中……

现在的商务休闲风似乎越刮越烈，但商务休闲装毕竟不是商务正装，所以还是不应出现在正式的商务活动中。

穿着要求

和商务正装的穿着相比，商务休闲装在搭配方面的讲究相对少一些，个人发挥的空间大。但也绝对不能过于随便，像运动装、乞丐装、背心、短裤、凉鞋、拖鞋及家居装束还是在禁忌之列。

用商务正装改成商务休闲装，这是最普遍的做法。摘掉领带、解开衬衫领扣是最简单的方法。除此之外，就是在商务正装内配自己喜欢的服装、裤装或皮鞋的问题了。内穿的服装，可以是T恤或亮色衬衫、牛仔布衬衫、半高领羊毛衫、polo衫等休闲式装束。裤装质地可以和西装上衣接近，或者是卡其布，不宜选择牛仔裤。

也有人用休闲款式的西装作为商务休闲装，这种更显休闲。休闲式西装往往是不收腰身的宽松式，颜色、款式上相对正装西装有更多选择，有的肘部做出打补丁的感觉，有的采用木纹纽扣等。面料选择余地比较大，像棉、麻、丝、混纺等常规选择外，毛、皮、各类化纤织物等，都可以选用。要想提高休闲西装的档次，一定要考虑面料。需重视穿着的舒适与否、外观质感，还要和所穿的其他着装面料相同或相似。

穿着休闲西装时，所配衬衫无论颜色、质地还是款式，相应都有了更多选择。短袖正装衬衫也往往被视为商务休闲装。

皮带可以是黑、棕之外的颜色，也可以是针式皮带扣。

皮鞋，只要遵循“皮带与皮鞋相配”的基本原则就行，只是在颜色、款式上都可以区别于正装皮鞋，可以是系带或不系带的、压花的、带金属扣的，颜色尽量和皮带统一。

裤子，可以是卡其布裤，其中最出色的要数米色和白色。上衣色调和裤子同色系（黄色、茶色、咖啡色等）时能给人亲近、闲适之感，而和裤子成反差色系（黑色、藏青色、墨绿色等）则给人干练、精明的感觉。选择有反差的色系时，穿一件与裤子有色彩呼应的格子或条纹衬衣也是很好的选择。

男士中式、西式礼服

营销人员有时会参加重要的社交场合，如仪式、宴会、晚会、音乐会等。这时穿普通正装已不足以显示对这些场合的重视。这时候就需要穿礼服了。

中式礼服

男士的中式礼服，就是中山装。中山装是立翻领，对襟，前襟五粒扣，上下四个贴袋，袋盖外翻并有盖扣，袖口三粒扣，衣服的后片不破缝。

穿着讲究整洁干净、熨烫平整，养成穿前熨好穿后挂好的习惯。衣领里可稍许露出一道白衬衫领。保持整体衣物平顺。内衣不可穿得太厚，以免显得臃肿。无论什么社交场合，都要系好扣子和领钩。

庄重的场合，中山装和衬衣都应该扣齐所有的衣扣，衣扣和领扣不能随意解开，更不要敞开对襟，也不要随意卷袖子。

一套合身的上下同质同色的毛料中山装，配上黑色皮鞋，显得庄重、稳健、大方，富有中国男子气派。在国外，当主人要求穿正式礼服时，营销人员穿着黑色中山装赴约，是庄重且符合礼仪的表现。

现在，我们可以看到越来越多的公众人物都穿中山装出席各种重要场合。国家主席习近平，在出访参加国宴时，就经常穿改良版的中山装。

现在改良版的中山装是立领、暗扣、暗兜（而不是外贴兜）。有些还饰以龙、凤、梅、兰、竹等中式图案刺绣，更加突出我们的民族特色，尽显中国风，既典雅、庄重、生动，又气场十足。在正式的晚宴特别是涉外晚宴上，还可以在左上口袋放一块口袋巾，以示尊贵身份及对他人、对晚宴主办方的尊重。

西式礼服

西式礼服，根据穿着时间及活动的不同，而又有所不同。

晨礼服，也叫白天大礼服。这是白天特别是在户外举行迎送贵宾仪式或典礼时的服装。至今仍是西方男士晚间6点前最正式的礼服。在隆重的场合，上装为黑色燕尾服、马甲，黑色丝织高顶帽；一般场合，比如婚礼，则穿灰色的马甲、灰色的高顶帽。与之搭配的是白色双翼式或普通礼服衬衫、灰领带、灰色带条纹的长裤、黑皮鞋。晨礼服的长裤是与黑色或黑白色条纹吊带搭配穿着，穿着时避免露出衬衫和吊带扣。（如图 2–7 所示）

小礼服，也叫晚间小礼服。主要用于晚上 6 点以后举行的宴会、鸡尾酒会、颁奖仪式、舞会、音乐会或其他的演出活动等晚间的活动。上装为黑色翻领，领子上及侧口袋镶缎，无袋盖，扣子必须用缎包起来，配黑色领结，配侧镶嵌单条缎带长裤，用腰封，不用腰封也不能系皮带。穿马甲，白色双翼领、胸前带褶皱的衬衫及黑色皮鞋和袜子配套。（如图 2–8 所示）

燕尾服，也叫晚礼服或大礼服。主要用于极为隆重的宴会或招待会等晚上 8 点以后的大型、庄重的活动。（如图 2–9 所示）

燕尾服的形式相对固定，上装多是黑色，前摆齐腰摆平，后摆较长，呈燕尾状。燕尾服不系扣，只在前身设双排六粒扣装饰。和燕尾服搭配的是：白色双翼领衬衫，胸前有“U”形胸衬，配白领结，白色丝帕，白色手套，黑色大礼帽。里面的三粒或四粒扣方领或青果领的白色礼服背心；下身为和礼服同料的长裤，裤侧镶双条锻带；裤子用白色吊带固定；脚穿黑色袜子、漆皮皮鞋。

这种礼服，大型乐队指挥、古典交际舞比赛、豪华宾馆指定的公关先生（且为晚上）也穿着。

图 2-7　男士晨礼服

图 2-8 男士小礼服

图 2-9　燕尾服

临时礼服

领带或领结、袖扣是礼服的标准配饰。所以，临时要穿礼服，而又没有的话，可以把正装改成礼服救场。成为礼服的正装应该是深色的，最好是黑色。在西装前胸袋配上丝帕。当然，如果把普通衬衫换成法式衬衫或者翼领衬衫，佩戴袖扣和领结就更好了。（如图 2-10 所示）

男士的饰品和配件

调查显示：近 60% 的女士认为适当的饰品能有效增添营销男士的魅力。适合营销男神戴的饰品包括：领带、项链、手表、戒指等。

领带

商务场合的领带，质地应是真丝或羊毛，涤丝领带也可以。就领带的长度来说，最合适的长度应该是打好后下端刚好碰到皮带扣。

领带夹是起固定作用，而不是来装饰的。所以如果使用领带夹，不应暴露在外，最好夹在衬衫自上而下的第四粒到第五粒纽扣之间。

正式商务场合穿西装套装须打领带。无论衬衫外面穿什么，领带始终都要紧贴衬衫，两者之间不能隔着其他衣物。

领带搭配很有技巧。上班时避免用颜色太浅的领带；深色西服可配颜色较华丽的领带；配淡色西服的领带也要相应素雅一些；当

图 2-10　商务正装改成礼服

衬衫色调强、花纹多，领带则应相对素雅；同类型的图案不宜相配，如格子的西装不要配格子的衬衣和格子的领带。有多种颜色图案的领带，如果图案中的任何一种颜色和衬衣或西装颜色一样的话，则能起到锦上添花的呼应效果。

领带结要打得挺括、端正，领带结大小和衬衫衣领的大小形成正比。（如图 2-11、图 2-12 所示）

项链

项链的色彩、质地要和戒指一致。营销男神不宜戴粗项链，特别是粗而又明晃晃的金项链。整齐的发型、西装革履之下，戴着明晃晃的粗金项链，就像香港演员成奎安塑造的一系列“大傻哥”的经典形象，让人不敢接近。项链应长短合适，外露是营销男士形象的大忌。但在不系领带时，解开第一粒衬衫扣子时自然露出一部分时除外。项链如有链坠，只能有一个，并且不应是怪异的图形、文字。

手表

手表是男士最重要的首饰。商务场合的手表，造型应庄重、保守，避免怪异、新潮。尤其位尊者、年长者更要如此。一般正圆形、正方形、长方形、椭圆形和菱形手表适用范围极广，也适合在正式场合佩戴，颜色上宜选择金属色。表带应是金属或皮质。手表上除数字、商标、厂名、品牌外，没必要再出现其他无意义的图案。怀表、广告表、卡通表、运动表，不适合商务场合佩戴。

即使选择几百元一只的普通品牌手表，也不宜戴世界名表的山

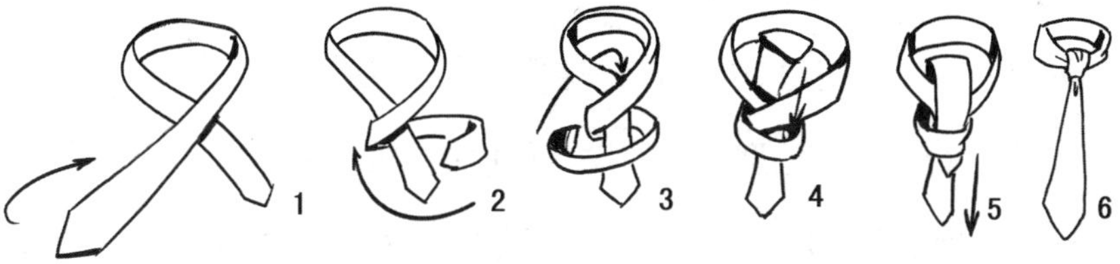

图 2-11　领带打法 1

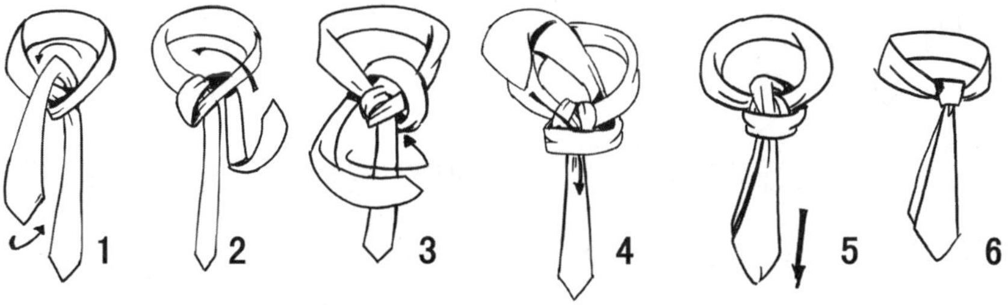

图 2-12　领带打法 2

寨表，诚实永远比弄虚作假更受商务伙伴欢迎。即使再有经济实力，商务场合也不应戴“亮瞎钛金眼”的钻表。这种过分招摇的钻表，欧美地区只有特殊从业者才戴。

戒指

如戴戒指，一般只戴一枚，这样更符合营销人士专业、干练、严谨、负责的作风。造型简洁，没有任何镶嵌的戒指最适合营销男士戴。毕竟这种场合不是为了将他人注意力过多集中到你的戒指上，更不是炫富。如果同时戴项链，戒指质地应该首先考虑和项链同质、同色。

戒指和手指粗细成正比，手指较粗，戒指也应该相应粗点；手指较细，戒指也要相应细点。

还有其他配件也要注意，主要包括：眼镜、名片夹、钱包、公文包。

眼镜

通常戴眼镜的显得比较儒雅，但要选择一副适合自己的眼镜，款式应相对比较入时但不夸张、不异形。流行在变，适合自己的才是最好的。近几年流行圆眼镜，但如果圆脸者再戴圆眼镜，就成了“扬短避长”。

太阳眼镜很容易突出时尚风采，墨镜也能有效防止刺眼的太阳光，但两者如果在室内戴的话，给人感觉就是：想显示你与众不同的地方，或者在告诉他人你是盲人，或者想暗示你是黑帮老大。戴太阳眼镜或墨镜，进入室内之后的第一件事就是摘掉。鉴于此，眼睛近视者商务场合不宜选择严重变色眼镜。

名片夹

材质上选用真皮或者浅色、单色的金属质地、精致的名片夹。造型简单、大方及方便取拿名片。卡通造型、多色的名片夹都不宜选用，更不能用钱包代替名片夹。名片夹不应放名片之外的任何物品。放在公文包、西服上衣内侧衣兜。有多种名片时，则最好放在不同的名片夹里，这样更能方便、准确地拿取。

钱包

那种把纸币和各种卡都塞到口袋里，用的时候一件件翻出来看的男士，是难以让人信赖的。营销男士的钱包也应该是真皮质地，颜色上如果能和皮鞋或皮包同色最好，艳色或杂色都不应选择。钱包不宜装得太厚，否则放在任何衣兜里都会使衣服变形，可以把现金和卡、证件分别放在不同的卡包或皮夹里。

公文包

公文包和西装一样重要，是营销男士的必备配件，面料应该是黑色或棕色的真皮质地。除商标外，公文包外表上不要带有多余的图案、文字。

手提式的长方形公文包是最标准的。箱式、夹式、挎式、背式等其他类型的皮包，都不适合当作公文包。

公文包被认为和皮鞋同类。所以进入客户办公室后，应把公文包放在自己座位附近的地板上，或客户指定的地方，而不是随便放在桌上。

按照商务礼仪惯例，男士的公文包应该和皮鞋、皮带颜色一致，这也称为商务礼仪的“三一定律”。如果你的皮鞋大部分都是黑色的，那么公文包最好也应选择黑色。

都应注意的差旅服饰

营销人员出差是家常便饭，大家的想法可能都差不多：行李能少就少，服饰能简便就简便。

服装

如果只是外出度假或亲朋串门，穿什么都无所谓，但商务出差就有诸多注意事项了。

旅途中最好穿休闲外套。这样既确保旅途中着装的舒适、随意，又不用担心路上穿正装随时会弄脏弄皱。到达地点后、商务会面前再换上正装。

如果一下火车或者飞机即有重要会面，或者旅途很短，也可以穿正式一点，只是这时候的正装应尽可能选深色，因为深色的衣服耐脏。

会出席隆重的招待晚宴时，就应不嫌麻烦地准备一套礼服或可以充当礼服的正装。而且现在也有很多可以租到礼服的地方。

对于一天以上的出差，即使旅途中不穿休闲装，箱子里也应该有一套，以使自己的私人时间更加轻松、自在。棉质的休闲装可以卷起来放在大箱子里，节约空间还方便拿取。

而普通的商务洽谈，为使行李更简便，可以用有领T恤来搭配休闲西装，这样既便利又大方，白天夜晚都适合。

除非你的箱子里另放了一双皮鞋，否则脚上穿的应该是既轻便又舒适的正装类皮鞋。新买的皮鞋不适合穿着出差，那种磨脚的感觉会让你恨不得马上脱下鞋扔掉。

衣服都怕皱。即使叠得再好，入住酒店后也应尽快把不需要马上穿戴的衣物都挂起来。服装皱了只能去熨。而领带皱了，可以拿圆柱形酒瓶把领带一圈圈地紧紧缠绕在酒瓶上，第二天就好了。

出差时间较长时难免需要清洁衣物，但有时担心洗后干不了。我常用的办法是，把衣服洗好后，平整地铺在酒店的干浴巾上，然后连同浴巾一同卷起来，按压。用浴巾把多余的水分吸干，这样基本上第二天就可以干了。实在不行，还可以用电吹风烘干。

出差配件

商务出差不是旅游，所以还需要带上不少配件。

名片。出差的时候，很多人都忘了带名片，这是非常业余的表现。再怎么轻装上阵，也应该把名片当作自己的身份证和出差洽谈的必备资料一样重要，提前准备好。穿着上即使再得体，见面礼节再周到，如果忘了带名片，难免会让人觉得有些“煞风景”，大失印象分。

签字笔。出差就是为商务洽谈，常常要写字或签字，甚至签约。

所以一定要携带两支大方一点的签字笔，笔油应是黑色。一支放在外套内侧口袋里，另一支放在箱子里备用。便宜的圆珠笔或者 1 块钱一支的签字笔就别带着出差了。

存储材料。准备一本大方的记录本是非常必要的。如条件允许，也能熟练操作电脑，出差带笔记本电脑是非常专业的习惯，极大地方便了记录、存储、演示。

清洁用具

洗面奶、护肤霜、剃须刀，女士的化妆用品都必须自带；要是不习惯用宾馆的一次性牙膏牙刷、洗发水、洗脸毛巾、梳子的话，这些又需要自带了。每个盛装液体物品的容器容积（而不是液体的容积）不宜超过 100ml，否则在乘飞机时就要单独办理托运。

怕东西带不全，可以将出差必备的物品分门别类地列一张表，每次出差照表核对，简单高效。

行李箱

准备拉杆箱。有差旅经验的人，都会选择坚固外表、防摔防划的万向轮拉杆箱，既能手提又可以拉或推，方便省力。可以把出差要用的物品“一网打尽”，不至于遗忘。

准备皮包。出差在外，商务洽谈的时候总不能拿着文件袋，更没必要夸张地拉着行李箱去见商务伙伴，所以还要准备一只皮包。这种皮包，应该是黑色或咖啡色的真皮质地，大小能够从容地放下需要放的文件、材料及笔记本电脑即可。

注意你的仪态风度

曾任美国总统的老布什，能够坐上总统的宝座，成为美国“第一公民”，与他的仪态表现分不开。在1988年的总统选举中，布什在选民中的形象并不佳，民意测验一度落后于对手10个百分点。不料两个月后，布什以光彩照人的形象扭转了劣势，反而领先10多个百分点。原来，布什的演讲不太好，手势及手臂动作总显得死板，身体动作也不美。后来，布什接受了专家的指导，经过刻苦训练，纠正了不良的习惯，从而改变了人们对他的评价。

很多人认为，自己“久经沙场”，站、行、坐、走这些小儿科的东西，哪值得自己关注！然而，无论是我们亲眼所见，还是在电视上看到或者媒体的评论，很多人的仪态素养确实不敢恭维，不自觉地透露出某些让人难以忍受的失礼甚至粗俗。这样的营销人员，纵然口若悬河、妙笔生花，我想，客户也是难以对他们有好印象的。

而得体的仪态，却显得风度翩翩，气场非凡，让人难以拒绝与之交往。

手势

指引过程中，站在被指引物品或道路旁边，自己面对指引对象，右手手臂自然伸出，五指并拢，掌心斜向上，手背和地面约呈45°角，指尖方向指向所要指引的方向。以肘部为轴，朝一定方向伸出手臂。指示道路方向时，手的高度大约齐腰；指示物品，手的高度根据物品来定，手臂、手掌和物品呈直线。无论指人还是指物，不宜只用食指。

为他人做介绍，站在两位被介绍者中间，自己右手五指并拢、手心向上，手背与地面呈斜切约45° 角，齐胸高度。当把A介绍给B时，右手指向A，但面朝B；而把B介绍给A时，右手指向B，但面朝A。介绍的时候切忌左右手都用，也不可为显示熟悉、亲热而去拍打任何一方。

无论是递物还是接物，都应该用双手，至少用右手。递带有文字的物品时，正面朝向对方，以方便阅读；递带尖、带刃等物品，则应把尖、刃部分朝向自己，同时语言提醒关照对方。

还有一些手势会让人反感，如“一指禅”、手插口袋、用手指自己鼻尖，对着他人竖中指等。

眼神

作为营销人士来说，把眼神集中在对方面部区域就行了。而初次交往，最好把注视区集中在以两眼为底线、额中为顶点形成的三角区。

对方头顶、脖子以下区域都是注视禁区，特别是异性之间。

一般和对方目光接触的时间占相处总时间的1/3比较适宜，每次看对方眼睛三秒左右会让人感觉比较自然。

初次见面，在向对方问候、致意、道别等都面带微笑，同时用柔和的目光注视对方，以示尊敬和礼貌。

交谈时，听的一方多注视说的一方，经常保持双方目光的接触。长时间回避对方目光、左顾右盼、直勾勾地盯着、上下打量、长久注视异性等，都是非常失礼的表现。

同时和多人沟通时，应用环视加点视的方法表示对所有人的真诚、重视和一视同仁。

当双方都沉默不语时，应该把目光移开；当他人说错话或拘谨的时候，避免正视对方。

站姿

展现良好气质的站姿应该是立腰、挺胸、抬头、收腹、两肩平齐，双手相握、右手放在左手上、叠放于小腹前，或双手自然下垂。两脚跟并拢或两脚呈“V”状分开，双脚分开时宽度不超过肩宽。

禁忌的站姿有：垂头耸肩，含胸驼背，双腿大叉，趴伏倚靠，抖腿，以及手插进口袋、双手平端或抱在胸前而站……

坐姿

坐的时候，男士膝部可以分开，其宽度不应超过肩宽；两腿不能叉开过大；身体不能半躺在椅子或沙发里。而女士坐时应尽可能双膝并拢。（如图 2–13 所示）

营销精英坐时，最好只坐椅面的 2/3 左右。为表示重视，交谈时不仅应面向对方，而且整个上身也应同时朝向对方。

图 2-13　注意自己的坐姿

坐姿状态中，禁忌的有：双腿直伸出去，抖腿、以鞋底示人或脚尖指向他人，脚跷得太高，把手夹在腿间；双腿分得太开，两膝之间宽度超过肩宽。

走姿

不好的走姿使人看起来无精打采，没有自信心，更谈不上气场与风度。

行走时，抬头，平视前方，双臂自然下垂，手掌心向内，以身体为中心前后自然摆动。上身挺拔，腿伸直。

摆臂幅度前后自然，手掌朝向身体；起步时身体稍向前倾，重心落前脚掌，膝盖伸直；脚尖向正前方伸出。

走姿要避免：不抬脚、蹭着地走，耷拉眼皮或低着头，呈明显的外八字脚或内八字脚……

鞠躬致意

商务场合用到鞠躬时，鞠躬度数不用太深，上身身前弓身 15° 或者 30° 就可以了。当和日本人交往，他们用深鞠躬时，可以用和他们差不多的鞠躬度数还礼。鞠躬时，男士双手放于身体两侧裤线处，而女士双手叠放在小腹前。

小提示大道理

凡在小事上对真理持轻率态度的人，在大事上也是不可信任的。——爱因斯坦 [美]

个人仪表及仪态的形象风度，装饰的是外在形象，却表达了我们对他人的尊重，对自己的严格要求——我们是可信任的人。

第三课

通信营销礼仪

THE
THIRD LESSON

他山之石

杨勃听学长们说营销是既能锻炼人，又可以赚大钱的职业，自以为对营销有所研究的他就应聘电话营销工作。前半个月，他用“粗放式”的电话营销方式，希望能广种薄收，每天从早上九点一直打电话到下午五点，然而基本上都遭到了拒绝，甚至还有人在电话里不客气地训斥，使他既委屈又气馁。

半个月后，他又开始采取“集约式”的电话营销方式。他在每一个电话中都详细地把商品的性能、优点、特点，以及与同类商品的优势对比，包括能承受的最低价格都统统告诉了客户。然而，一个月下来，他也只有可怜的一两个订单而已。

在杨勃看来，他精心设计的这两种“营销模式”都没什么效果，看来做营销实在太难。于是不到两个月，就匆匆辞职，又开始了新的“寻梦之旅”。

现在的营销工作，已经离不开现代通信工具。在借通信工具助力营销工作时，我们要注意什么呢？

打电话前的准备

给客户打业务电话，必须先做好准备工作。

熟悉商品

营销人员打的电话，自然要熟悉自己销售的商品。营销人员要对产品性能、优点、特点、使用方式和注意事项、是否有什么荣誉或认证、商品价格，一些著名客户对该商品使用的良性反馈、市场占有率、能优惠的程度，与市场上同类商品相比的优势与不足、如何运输（大件商品），等等。对这些都要有充分的了解并熟悉，在电话介绍时能说得专业、适度而到位，并对客户的提问能够自如地回答，才有可能对客户产生吸引力。

明确目的

要明白自己为什么打电话给客户，即目的是想判断这个客户是否是你的目标客户？是想确认对方有没有收到你的资料？想找到负责你所销售商品的主要负责人？是想进一步明确客户的需求？还是春节到了，想向客户拜年……

根据不同目的，在电话沟通中就要进行相应地交流。如果向客户寒暄拜年，纯粹是为了交流感情，就不应再多提及销售的事；如果是想确认是否收到你的资料，就问一下对方是否已经收到，然后再通过交流获得当面介绍的机会；如果想找主要负责人，又该怎样和电话接待者表达？如果是进一步明确客户需求的话，是想亲自拜访客户还是做进一步的电话推荐？第一次联系，想判断是否是目标客户，就必须要对客户情况有所了解，不能介绍了半天自己及商品，连客户方是干什么的都不清楚，难以给人留下好印象。

通话清单

当要说的事情有很多时，最好列一份通话清单，把事情分成先后顺序。这样沟通起来既有逻辑性，又不会忘记重要的事情。

精神准备

精神准备是最重要的准备。很多营销人员在打重要的客户电话时，往往十分紧张，害怕客户说“不”。但越是这样，客户好像越和他过不去似的，偏偏喜欢说不。其实，电话中遭到拒绝是很正常的，如果每一次业务都成功，那么人人都成了马云。是销售就会被拒绝。被拒绝也没有关系，可以总结原因，调整情绪再继续。

而且，对于常见的问题，最好有预案，即当出现这种问题怎样应答。比如被拒绝时，怎样圆场、找台阶下，使自己虽然被拒绝，但显得礼貌、风度，并为以后再联系提供可能性、埋下伏笔。

塑造电话形象

面对面沟通时，我们强调要塑造良好的第一印象，而只闻声音的电话沟通更需要有亲和力的电话形象，以形成良好的沟通氛围。电话形象由语言、声音、肢体动作三部分构成。

语言表达

怎样的语言表达才有亲和力呢？

（1）寻找共同点

亲和力源于共同点。寻找共同点的切入口很多，如姓名、籍贯、爱好，等等。

电话沟通中，仿效是获得双方共同点的重要来源。即客户表达一个观点时，自己也表示赞同、认可，并围绕客户思路发表意见。

（2）避免有争议

营销人员跟客户的电话沟通，应当尽量避免可能会导致客户抗拒或反感的话题，否则就难以引起客户共鸣。谈论中要尽量使用中性词汇（如比较、可以、应该，等等）。忌下断言，不宜用太过绝对的词汇（如很、绝对、保证、不管……都、只要……就，等等），这类词汇特别容易引起他人的逆反心理。中性的词汇更容易使谈论的话题避免争议，容易让人接受。（如图 3–1 所示）

（3）真诚赞扬

电话沟通和当面沟通，都需要通过真诚赞扬客户，获得客户的

图 3-1　沟通忌太绝对的词汇

好感与认同，拉近彼此距离。客户表达的一个观点、工作得比较早或比较晚、使用某种品牌商品，甚至客户拒绝，都可以作为赞扬的内容。要注意赞扬适可而止，不能变成赤裸裸的“溜须拍马”，甚至客户的行为明明是错误或有违社会道德的，还一味赞扬，效果只能适得其反。

（4）多问多听

营销人员应明确：问和听的部分应当占到沟通 80% 的份量，而说的部分只应占到 20%。营销人员在电话中问得越多，客户回答得就越多，营销人员对客户就越有亲和力，同时对客户的情况和需求也就越了解。

（5）巧妙对待拒绝

巧妙对待客户的抗拒，可以帮助营销人员在电话沟通中不断吸引客户的注意力。这种方式常用“我很理解（了解），同时……”的句式。

每当客户提出抗拒，营销人员首先要表达接受，以示对客户思路和见解的认同，然后再提出新的问题，解除该抗拒。而如果直接拒绝，可能会使客户反感并直接导致沟通结束。

在语言习惯上，营销人员尽量避免使用“但是”“可是”等对抗性、反驳性的转折词，而代之以“同时”，使语言更柔和、更灵活。如：

张先生，我很同意您刚才所讲的观点，同时……

（6）以问题回答问题

用“问题”回答“问题”是建立亲和力的基本方法之一，能够解除客户原有的抗拒，并快速建立起彼此之间的亲和力。如：

张先生：你们和他们的商品，价格相比之下怎么样？

营销人员：张先生，您问得很关键。您对商品的价格和价值相比是怎么看的呢？

声音控制

声音的构成要素包括语调、语速、音调、语气等，不同的构成要素组成不同的声音，不同的声音留给客户不同的印象。

（1）与客户的语速、语调相协调

不同的客户声音各有特点，营销人员应该尽可能主动适应并相应改变自己的声音，与客户的声音相协调，以让客户更有亲切感，感觉你们是“同类人”。

当客户讲话速度快、音调高时，如果自己说话速度较慢，音调较低，就应适当加快速度、在适当的地方提高音调。

当客户语速比较适中，语调高低起伏，抑扬顿挫时，自己也要控制语速，将语调适当调成高低起伏的状态。

而遇到电话中语速较慢、音调比较低沉，并时有停顿的客户，自己也必须将自己的语速变慢，将音调适当变得低沉一点，以与他们的节奏相协调。

总之，不管遇到怎样语速、语调的客户，营销人员都要使自己的语速语调与之相适应，以迅速建立亲和力。双方语音语调语速不能有太大差距，否则客户就会从语速语调中开始反感你。

（2）自然而不生硬

电话沟通要做到自然不生硬，必须对所要说的内容非常熟悉，并对客户可能的提问也要有所设想并总结出理想的说辞。这样才有可能做到自然。如对内容都不熟，和客户电话沟通的时候脑子里只能紧张地想着下一句该说什么，想着怎样回答提问，不可能做到自然、流畅。

（3）语言富有感染力

有感染力的讲话是灵活而生动的。语言怎样做到有感染力呢？

如：如何表述一根棍子很长的状态？

表述一：一根棍子很长。

表述二：一根棍子比较长。

对于电话沟通，表述尽量不要带有“很”“肯定”等“绝对性”的词语，而采用中性词，否则给人是不可信的。所以上述举例中表述二是比较恰当的，相对更具感染力。

（4）话语要有停顿

不停讲述容易引起客户的疲劳和注意力分散，继而导致客户的反感情绪。而话语的适时停顿，可以留给对方思考和发表意见的机会，特别是表述重要内容时，在表达重要的词语、数字时适当停顿，无疑是在提醒对方注意。

（5）注意语速音量

有变化的语速能为电话语言增色，听着更有声音的美感，给人抑扬顿挫的感觉，更容易让人集中精力倾听。

音量大小需要根据不同的沟通环境和内容来调整。在重要的词语、数字及转折词上适当加大音量，以示强调。而向客户表达祝贺时，也同样要适当加大音量，以表达喜悦。

身体语言

电话中客户看不到营销人员，只能通过声音来感觉营销人员是否积极、认真、诚恳，所以必须通过语言传达出积极、认真而具亲和力的声音。一些不好的肢体语言，则会影响这种声音效果的发出，对方能在电话中感觉到。所以对一些影响声音效果的肢体语言必须杜绝。

接打电话时，不可以坐在桌角上或椅背上，也不要趴着、仰着、斜靠着或者双腿高架着。不要在通话的时候把话筒夹在脖子下，抱着电话机随意走动。也不可以边打电话边吃东西或喝水。用电话要轻拿轻放。

另外，电话中还应表现出微笑的表情。微笑最能影响声音效果，能够自然地表达出轻松、亲切、高兴的心情，对方虽然看不到，但却可以明显地听出来。如果皱着眉说话，语气效果和微笑说话的声音会有明显区别。

怎样越过总机

总机接线员（有些公司是前台岗位）就和大楼门前的保安一样，对陌生的电话都有一种本能的警惕心理，过滤掉认为没有用的电话是他们的职责。很明显，总机不可能挂掉所有的来电，只能依据经验来判断是不是有用电话，这就给了营销人员很大的发挥空间。以下提供四种思路。

实事求是法

用实事求是法和总机交流的时候，一是不要和总机接待员谈具体商品，二是要礼貌地对待总机，适时获得她的姓名，以便下次再打时能以姓名相称以赢得好感。

如："对不起，我是 ×× 公司的 ××，能占用您一点时间吗？"征得对方同意后，你可以把想要了解的问题，如采购部经理的电话、姓名甚至年龄一一提出来，这样总机接待员或许愿意提供一些帮助。

营销人员：您好，帮我转一下王总。

总机：请问您是哪里？

营销人员：我是××公司的黄峰。

总机：您找王总有什么事情？

营销人员：和王总有点业务合作方面的事情。

总机：实在对不起，王总出差了，有什么事可以先和我说吗？我给您先转告一下。

营销人员：您贵姓？

总机：我姓孙。

营销人员：好的，孙小姐。王总什么时间能回来呢，这事还有点急。

总机：王总大概下周五能回来。

营销人员：孙小姐，谢谢您。

等下次再打过去的时候，以熟人的口吻：

营销人员：您好，孙小姐，我是××公司的黄峰啊。王总回来了吧，请帮忙转一下，谢谢。

借用他人法

告诉总机是同行介绍来的，找一个比较大的他们同行的公司，说是那边什么人介绍过来的，有点业务来往或者已经预约，最好不要告诉总机你是具体做什么的。

蒙混过关法

这种方法，在第一次的陌生电话联系中使用最广，效果往往也明显。

以坚定的语气告诉总机你要找的人的姓名，不用说“找 ×× 先生”“找 ×× 女士”，这样听起来就像推销电话。语气要坚定而不卑不亢，不用过分谦虚。这种方法要求知道所要找的人全名，最好能知道具体部门，以便总机在进一步“质疑”的时候告诉总机，则效果会更好。

可以多准备几个该公司的电话号码，用不同的号码去打。不同的人接，往往会有不同的反应，可能就有人会告诉你想要知道的信息。或者随便转一个分机问问，因为其他人在这方面的警惕性往往比总机低一些。

可以善意地夸大身份，来获得总机转接的机会。如：“你好，转李总（声音要适当大而语气坚定，不能表现出迟疑）！我是 ×× 公司的王总。”

编造情节法

可以编造一个情节，让总机觉得有必要转这个电话。但情节的编造需要有度，如果过于欺骗只能得到适得其反的效果。如告诉总机你是某媒体要采访老总，而老总很郑重地接过电话后发现是推销电话，这种情况下客户剩下的只能是被欺骗的愤怒了，何谈能接受营销人员及其商品呢！

营销人员："请找王总"。

总机："请问您是哪里？"

营销人员："我是济南的，刚来北京。上个月我们约好，说我到北京就找他，有个合作要谈一下"。

营销人员："给我找一下张总"。

总机："请问您是哪里？"

营销人员："我是××的余风（应说公司简称，这样前台无法区分是不是推销）。刚才张总打了我手机，我没能及时接听到。张总这会儿还在公司吗？"

当然，总机第一次不帮你转，也没关系。尽可能向总机了解一些情况，比如要找的人一般几点到办公室、几点离开，何时吃午饭、谁为他制定日程，他的分机号、何时接电话比较方便，等等。

电话约见有技巧

面谈是非常有效的沟通方式，电话沟通主要是为创造面谈的机会。电话约见，重点应放在"话"上。所以营销人员应熟知电话约见方法。

营销人员和客户电话沟通的时间要精短，语调要平稳，出言要从容，口齿要清晰，用字要妥切，理由要充分。切忌心绪浮躁，语气逼人，尤其是客户借故推托，有意拖延约见时，更要平心静气。如果巧言虚饰，强行约见，不但达不到约见目的，反而徒增客户的反感。在和客户约定会面的时间和地点时，应尽量采取积极、主动的行动，不可含糊其辞，以免给客户留下拒绝见面的机会。

下面的这两种问话，由于表达方式和用语的差异，使效果完全不同。

问话一："张先生，我现在可以来看您吗？"

问话二："张先生，我在下星期三下午4点来拜访您呢，还是在下星期四上午9点来？"

很明显，在"问话一"中，营销人员完全处于被动的地位，随时会遭客户设词推避。"问话二"则相反，营销人员对于会面时间已主动排定，仿佛早已料到客户那时一定能抽空接见。所以相对来说，像"问话二"那样，提供"二选其一"的问话方式时，客户就不容易拒绝了。

电话约见的技巧，有几种方法供参考。

问题解决法

"彭先生，我是××公司的销售代表，想向您介绍新近上市的打卡钟，它的特点是准确、精巧、结实、稳固，价格比目前市面上的打卡钟都便宜，很适合工厂使用。我打算在星期三上午10点半或星期四下午两点半来拜访您，您看哪个时间方便呢？”

这种电话约见问话，用了时间上“二选其一”的技巧。还在于以打卡钟所发挥的功能，能解决客户控制员工上下班时间，精确地计算工资的问题。所以，很容易引起客户的兴趣。

提供服务法

“彭先生，我是爱家清洁服务公司的销售代表程杰，想向您介绍办公室定期清洁维护的办法。我们人手多，经验丰富，而且价格公道，详细情况当面介绍更清楚一些。所以，我希望在星期二下午3点，到您那儿去，可以吧？”

这种约见问话，时间上固然仍采取主动安排，但最大的优点是理由充足，营销人员为客户的利益，向客户提供定期清洁服务。帮客户打扫整理办公场所，虽是小事，但为能清除脏乱，给予清洁舒服的工作环境，进而使员工身心愉快，工作效率提高，那就是大事了。所以又以“详细情况当面介绍更清楚一些”为理由。客户听后，往往能够被打动。

信件邮寄法

“李女士，您好！我是爱家公司的程杰，上星期给您快递的迷你牌三用电锅资料收到了吧？对这个新商品您有什么高见呢？”

李女士听完这句问话后，无论如何都会有所表示。如果表示喜欢，营销人员就可以请示进一步当面示范；如果表示相反意见，营销人员也可以要求一见，以便就这一商品的特征和实惠，亲自向客户解说。这种约见方法，是以预先邮寄的商品资料为引子，让客户在未见营销人员之前，对商品先有所了解。如果有意购买，必然对邮寄资料有所研究，并会有一定想法，一旦营销人员在谈话中要求她发表高见的时候，自然就会津津乐道。同时，营销人员是以请教"高见"为由，显示了对客户的尊敬和对意见的重视，客户也容易产生好感。这种情况下，约见的障碍便会降到最低。邮寄资料和跟进销售，应先后进行，两者不宜时间相隔太长，否则时间一长邮寄资料常被当作废品丢弃或者已经被忘记。

心怀感谢法

"张先生，我是××公司的销售员冯远，您上月2号寄来的订单我们收到了，谢谢您对我们公司的支持。现在我们新出了一系列电子组件，品质和效果和以往同类商品相比升级了，所以想尽早介绍给您试用。"

这个例子中，营销人员和客户相互认识。基于这种关系，营销人员借客户订货之便，推荐电子新商品并要求约见，极为顺理成章；这也表示营销人员对客户的关心，遇有新商品上市，立即向熟悉的客户介绍，以期客户能尽早试用，改良其商品。这份为客户利益所表现的关怀，自会赢得客户的欣赏，从而愿意接受约见。

贺人喜事法

“您早，戴总，我是中远汽车公司的销售顾问，听说令爱不久就有喜事了，恭喜！恭喜！我想利用这个机会，向您推荐我们最近进口的一种敞篷跑车，设计新颖，款式别致、装备齐全，适合新婚夫妇蜜月、郊游和上下班用。所以，我想本周三或者周四中午到您办公室，亲自向您说明细节。您看哪天中午方便呢？”

社交应对法

“张先生，您好，我是百代乐器的销售代表。昨天上午您和夫人到我们公司展厅来选购钢琴，您说想年后再买。现在刚巧有个机会，从今天起，凤凰牌钢琴特价一周，无论琴号大小，一律每台减价500元。这是个难得的好机会，所以通知您一下，如果您要过来的话，我随时在公司展厅恭候您。其实早买早用，又享减价优待，还是挺实惠的。”

约见的原则上应由营销人员去拜访客户，但是如果销售的商品体积笨重，或不便轻易搬动，不妨让客户屈尊就教，但言语必须得体。营销人员能为客户的利益设想到如此地步，盛情确实可感，客户只要有一丝想买的想法，对这样的约见往往能欣然应约。

怎样应对拒绝

有销售就有拒绝，电话中客户拒绝的理由多种多样。不管怎样，都要尽可能在电话沟通后将客户的拒绝变成赢得见面的机会。

请寄资料给我

这是电话销售中拒绝理由最常见的一种。通过电话找到了客户，他告诉你先寄一些书面资料。大多数营销人员会用一种积极的态度回答他这一拒绝，并相信自己已经在销售进程中向前迈了一大步。事实上，几天后，当这个客户收到资料时，可能会想起来有过这么一回事，但或许根本就已经忘记了。这一拒绝理由根本不需要做太多的解释就可以把营销人员拒之门外。

一个客户要求在约见前寄书面资料给他，这对营销人员而言其实是“正中下怀”。

我给您寄过一些资料，可能在邮寄过程中遗失了。下周四下午正好要到你们公司附近办点事，我很想在那天下午拜访您，给您送上资料。不知道您几点有空？……太好了！我已经记下来了，到时候我会提前一天再打电话跟您确认。

营销人员询问客户是否有空，并非仅仅送上材料而已。事实上，这种约见方式，和客户他们自己安排的约见效果一样。

我们已有供应商

如果客户已和你的竞争对手建立了业务关系，这种情况下，你的目标应是确认对方的潜在需求，或未满足的需求。面对他们时可以说：

“太好了！这也是我打电话给您的原因。我们已和许多像贵公司这样的大公司建立了业务关系，发现我们能对你们主要供应商所提供的服务做出有力的补充。8月5日我正好要到贵公司附近办点事，我想来拜访您，并想解释一下为什么我们能做到这一点。您下午几点有空呢？3点可以吗？”

一般情况下，一个已经和你的竞争对手建立业务关系的客户，比根本就不用你们行业商品的客户要好得多。一个公司使用了你们行业商品，至少说明他们认识到了这类商品或服务的价值。竞争对手已经为你做了许多你要做的工作。你现在要做的就是要发现潜在业务，争取前进的机会，以在销售过程中不断取得新业绩。

我不是负责人

在设法寻找购买你所推销商品的负责人时，常常会碰到那些并不是想要找的人。这种情况在你用一份没有联系人的电话清单时最容易出现。这时候，不仅要通过销售电话得到约见的机会，而且要找到那些实际真正决策者的姓名，这确实是一项艰难的任务。

如何找到真正的决策者？当你使用一份没有客户姓名的打电话

清单时，你的成功期望值并不高，因为你是从有限的信息开始的。这时可以抛开一切，尽全力孤注一掷。找到真正决策者的电话沟通：

“您好！我是××公司的小王。您是否能帮我一个忙？我想找你们公司采购部的负责人。在您帮我转接之前，非常希望您能告诉我他的姓名和电话。以便万一他不在时我还能联系上。非常感谢您的帮助。”

然而遇到的往往都是不合作的电话接待人员。第一个办法是通常可以自己直接拨打电话号码给一个职员而绕开他，第二个技巧是告诉不合作的接待人员一个编造的名字。

电话接待人员：……请问您找哪一位？

营销人员：请转王经理。

电话接待人员：对不起，我们公司里没有姓王的经理。

营销人员：是吗？哦，我前段时间和贵公司采购部的一位经理合作过，他让我联系他一下，我可能是记错了，实在抱歉。您可以帮我转到采购部的那位经理吗？

电话接待人员：是李经理吧？我帮您转到采购部李经理那儿吧。

营销人员：真是太谢谢您了。

我们没有预算

销售是一个过程，而不是一个偶然事件。营销人员不可能指望每一位老客户和新客户能立刻给你回报。但是，因为你所努力的对象在目标范围内，因此每一个客户都是“高质量”客户。假如客户在你的商品方面没有相应的财务预算，那或许这正是建立业务关系的最佳时间。

“张女士，我们已经与许多和你们情况相同的公司建立了业务关系。事实上，他们在花时间和我们接触之前，也和您现在的感觉一样。6月25日我正好要到你们公司附近办点事，我想来拜访您。您下午3点有空吗？”

你们价格太高

要明白价格高或是相对的。所以营销人员的任务是表明你的商品和报价等值。当对方问及一项商品价格时，营销人员应尽力同意客户的意见。承认企业不是市场中最低价格的供应商，另外，所报价格也不是最高的。

营销人员的任务要证明它的价值，而不是商讨价格。事实上，客户要的是最低总成本的方案，而不是商品的最低价。

就像汽车一样，奥拓和别克，价格不一样，汽车的品质、安全和舒适度当然也不同。

“王先生，价格对我们来说都很重要，我们和许多您这样的大公司都建立了业务关系，他们相信与我们合作能得到合理的投资回报……”

营销人员的回答告诉客户两件事：一是像他们这样的其他公司感觉到你们所提供的服务与报价等值；二是为什么这种报价是等值的。同时不应在电话里做长时间讨论，而是尽可能快地、有效地对付每一个拒绝理由，以争取到见面机会。面对面时就有充足时间来介绍了。

用过你们商品，不好

每个营销人员都希望这种拒绝最好不要经常碰到。遇到这种情况时往往会感觉很被动，好像没法再继续电话沟通下去。事实上，大部分客户评价公司和营销人员时，更看重他们在不良情境下的反应，而不是一帆风顺时的表现。

戴尔·卡耐基处理这种抱怨的原则是“让对方畅快淋漓地宣泄出来”。这一指导非常具有实用性，因为让客户多讲是“顾问型”销售方式的一种理念。可以这样沟通：

“陈女士，我理解您所说的问题，同时我想尽可能对此予以弥补。事实上，如果我是您，我也会和您有一样的感受。下周四，也就是5月16日我正好到您单位附近办点事，您下午几点有空？4点可以吧？”

通常，营销人员可以打两次相同的电话来处理客户的拒绝和争取得到约见的机会。被拒绝两次之后如果再打，谈话就会变得不太自然了。

接听电话礼仪

电话有打就有接。我们营销人员在接听电话的时候要注意什么呢?

找自己的电话

我们提倡电话铃响三声之内接听。不应在第一声就接，这样做会让对方吓一跳，如果是领导的电话，可能觉得你没事干就守着电话。而再晚接，也会让心急的人以为没人接听。因故三声之后才接电话，通话后首先致歉。

严禁以“喂”字开头。接后应以“您好+单位简称”开头。当自己的电话是分机，应以“您好”或“您好+所在部门简称”开头。最标准的做法是“您好+所在部门简称+姓名”。(如图3-2所示)

接听的时候，暂时放下手头工作。如果正在和他人谈话时需接电话，先示意和自己交谈者暂停沟通，并在接完电话后向对方道歉。手头工作太紧，而来电不是必须立即处理，就在接通电话后说明原因，表示歉意，同时约好具体时间并主动打过去；出于礼貌，下次通话时再次向对方致歉。

代接同事电话

找同事的电话，不应直接拒绝对方代找的请求，尤其不应表达出对其所要找的同事口有微词，这是起码的礼仪素养。

代接电话，不必向来电者询问他和所找之人的关系。

图 3-2 电话禁以“喂”开头

当所要找的人在附近，迅速请对方来接听，但不要大声喊叫。我见过有的人居然能用丹田之气，从一楼喊向二楼找人。在没有授权的情况下，不要随便说出对方所要找的人的私人手机号码、实际行踪。要找的同事不在办公室时，可以简单地说“对不起，他这会儿不在座位上”。

对方要找的人不在，应向来电者询问要不要帮忙转达。替同事转达，做好电话记录，以便让同事知道大概事项，避免就相同的问题再重复问来电者。记录的信息应包括：来电者单位名称、姓名、电话号码（应询问号码，而非只看来电显示，因为有些座机电话有分机号）、事由，是否要回电或回电时限，来电时间。其中如有涉及地址、电话号码或电子邮箱等易错信息，必须在通话结束前再复述一遍。然后尽快转告。另外，不到万不得已，不要把转告的内容，再托付其他人转告。

除因要转告而问对方的基本信息外，不应再问其他无关信息。当对方问话时，也不应随意回答、介绍甚至承诺。可以告诉对方，你会请同事和他直接沟通。

营销人员手机礼仪

手机功能越来越强大，很多人也都患上了手机综合征：手里不拿着手机就不习惯，不看一眼手机总觉得不踏实。随之而来的，就是手机在一定程度上妨碍了人们更具感情色彩的面对面交往。不管是远在天涯还是近在咫尺，动不动就说“手机联系”，使人和人之间的情感联系变得淡漠。

美国的《华盛顿观察》专门撰文《无线交流让礼仪缺失》，呼吁手机礼仪。据我的观察，营销人士经常违反起码的手机礼仪，已成了让他人侧目的重要原因。

商务场合，手机应放在随身携带的公文包里或者上衣的内口袋里。不宜拿在手里或挂在脖子上，别在腰带上也欠妥。

开会时，把手机关机或者调成震动状态后，放在不起眼的地方，如背后、手袋里、衣服口袋里，最好不要放桌上。

飞机起飞后到降落前，很多航空公司已实现手机在“飞行”模式下可以使用。和他人谈话的时候，如果关机怕影响和外界的联系，调成静音状态是必要的，以免干扰交谈，这是对双方的尊重。在影剧院、宴会上，要把手机关机或者调成静音状态。在加油站不可以使用手机。

公共场所接打手机，音量必须适度。接听和拨打电话的音量，以尽可能不妨碍和影响他人为宜。

手机信号弱的时候先挂断，过一会儿再联络，禁忌大声呼叫。声音大小并不能改变信号的强弱。

“手不离机，机不离手，才叫手机”，但就像我刚才讲的，手机就是一种沟通工具而已，不要什么事都靠手机来解决。一些重要的事、复杂的事，还是应该面对面地沟通解决。这样既富有效率，又增进了彼此的友谊。

在和他人面对面沟通的时候，绝不能同时低头编写或者发短信。

注意对内容的选择和编辑。既然是你发出的短信，就意味着你赞同或至少不否定短信的内容，从而也反映出了你的品位和水准。所以不宜编辑或转发低俗、不健康的短信。

短信，内容和沟通过程都要简，不啰唆，并养成先浏览再发送的习惯，以最大可能避免歧义和误会。开头有称呼，结尾有署名，不要以为他人就只认识你。

太晚就不宜给他人打电话，同样短信也不宜发送。

一位企业老总告诉我，他准备电话联系某证券公司客户经理买些基金。电话打过去还没通话，他就决定不找这位客户经理了。这位客户经理的手机彩铃是“我赚钱了，赚钱了……”(如图 3-3 所示)

每个人的手机都有不同的彩铃。商务用途的手机彩铃务必注意，不能随心所欲，像恶搞类的、怪异的、低俗类的，都不宜选用。

微信不可无礼

现如今微信已成了营销人员最常用的通信软件、自媒体。但我发现，很多营销人员用微信都很任性。

图 3-3　忌用低俗恶搞类彩铃

名称使用

因公使用的微信，就不能用古怪的、容易有歧义或让人反感的过于个性化的名称。加客户的微信后，可以通过“设置备注及标签”把对方的名称，从“备注”里改成“对方单位简称 + 对方姓名”或“对方单位简称 + 对方姓氏 + 职务简称”。下面的“描述”可以再加上对方的简短情况。而“标签”功能则实现了在微信通信录里的分类管理。

个性签名注意避免使用消极、不健康的内容，毕竟客户也会看到。我见过有的人签名是“本人已死，有事烧纸”，这样的“幽默”无疑有点过头了。

慎重刷屏

即使有太多想和大家分享的内容，也应控制发朋友圈的数量，不要满朋友圈都是你。想刷存在感，可以发些有品质的励志美文、生活点滴或本行业、本单位最新的消息。但也要注意频率，没有必要一天发好几个，长此以往可能会被有些看不惯的客户设置“不看他的朋友圈”，就得不偿失了。

注意内容

微信中以文字的形式要说几件事时，为方便对方阅读，最好分段或加序号。

既然有及时性特点，发送的内容对方同时就能看到，所以要养成发送前再审核一遍的习惯，看内容是否表达清楚，避免有错字、别字、容易引起歧义的话或图释，数字、标点有无错误，不要通篇都是逗号、句号或叹号。

微信具体内容简练不啰唆，发一条就能说清楚的，不要一条条地不停发，以免在他人开会或谈事时，手机响个没完。

当通过微信发因公文件，最好再打开文件核对一次：是否就是这个文件，文件内容是否正确，特别是发协议的，页眉内容、协议几方的名称、金额、付款方式、货币单位、协议份数等是否正确。

发送前再确认联系人是否对，避免发错对象。

对于重要事情发送后没得到回复，应主动电话联系，以免误事。另外，收到他人微信应及时回复，以免对方牵挂。而转发的内容，不要跟风转发低俗的内容或谣言。

慎用语音

微信语音不是任何时候都方便收听。而文字内容，只要不是开车，都可以快速浏览，即刻做出反应。当涉及复杂的、重要的内容或数字，应避免用微信语音，仅听声音听错的概率更大。而且对方为避免听错可能还得和你确认，无形中反而降低了沟通效率。

加微信后的初次沟通，最好不用语音。语音沟通往往被认为更适合熟悉、亲近者之间的交流。

听微信语音最好戴耳机，除非周围没其他人。当然也可以将语音转成文字形式阅读。

注意事项

不要盲目为点赞而点赞，比如他人发烦心或伤心事的内容时。而在微信朋友圈不停刷屏特别是广告类的刷屏，同样让人反感。

另外，在一些举国性的特殊日子，比如清明节、7月7号的“七七事变”纪念日，12月13日的南京大屠杀公祭日，不宜晒幸福、晒快乐。

正式、重要、紧急的事宜，应用传统方式，比如电话或面访完成。

和他人面对面沟通时，不可以当面编写、查看微信。不得已必须马上发，应先向对方致歉。

对方发来的重要图片，最好保存到手机里，避免时间长了图片无法打开而误事。

不编辑或转发低俗、不健康以及社会敏感话题、谣言内容。

少用并避免滥用表情，不用容易产生误会或格调不高、不健康的表情。

当给新加微信或不常联络的客户发消息时，应有称呼和落款。

沟通注意简短干练，收到对方的消息及时回复。

太晚不宜给他人发微信。

商务邮件礼仪

上个月的教训，可能让小韩永远无法忘记了。

跟踪了几个月的客户，终于要签合同了。为图省事，小韩就找了一份旧的电子版协议来修改这次新合同，结果页眉还是其他公司的名称；旧合同的货币单位是美元，这次是人民币，但发给客户的合同仍是美元；签约方有四个，他在合同上标注要两份签字原件。将合同发给客户之前，内容也有没有再仔细核对。

客户方的老板发现后很生气，一个电话直接打到小韩的总经理那里，直言出错到这个程度，以后对是否能愉快合作都表示怀疑。老总气得在办公室拍桌子，扣了小韩一个季度的奖金。

电子邮件是营销人员常用的书面沟通方式了，特别是发送文件时。邮件礼仪需要注意三个方面。

注意设置

邮件主题就像信件的信封一样重要，只有写清楚邮件主题，才知道这封信是写给谁的。在垃圾邮件泛滥的今天，这一点很重要。邮件主题，要写清对方单位简称或者对方姓氏加上职务，或者都有，如“中贸集团杨主管收”，这样对方就知道这不是垃圾邮件了。我发现，即使是世界百强企业，管理层中很多人对这方面也不太在意，经常不写收件人的姓氏或者对方单位名称，而只写事由。这样不规范的处理，被当作垃圾邮件误删的概率大大增加。

最好将发件人设置成“单位简称 + 自己姓名”，或者是“单位简称 + 所在部门简称 + 自己姓名”，以方便对方了解邮件是谁所发，方便对方及时处理，并和垃圾邮件区别开。同时，用于商务往来的邮件，避免个性化的签名。

设置自动回复应注意，内容应该包括落款，姓名、单位名称都可以，或者两者都有。

注意邮件内容

商务邮件的内容格式可遵照书面信函的格式和规则。在字体及颜色的选用上，以方便阅读为宜。选用电子信纸时，宜选用庄重特色的，修饰不宜过多。邮件内容讲述必须简洁，语言流畅，用语礼貌。注意及时回车换行，以方便阅读。避免使用网络语言及符号，特别是不常用的网络语言及符号，以免对方不理解而使交流受阻甚至产生歧义。写完内容，检查文字是否有错。相对于手写，键盘打字更容易出错。

给客户发文件时，最好再打开文件核对一次：是否就是此文件，文件内容、页眉是否对。特别是发协议，协议上的几方名称，协议金额、付款方式、货币单位、协议份数等是否有误。

如有附件，邮件内容中应说明。点击“发送”前，再检查一下邮件：邮箱地址、称呼有无错误，核对邮件的附件是否上传全，以免错发、少发。

发送邮件后最好再通知对方查收，不是所有的人都养成随时查收邮件的习惯。

营销人员和客户往来，如频繁使用邮件，建议拟一份发邮件和回复邮件的标准化内容，每次只需填上称呼、改具体事项和落款日期。这样，信件内容可以充分地斟酌用词，也显得高效很多，使邮件也和发件人一样干练、专业、高效、礼貌。

查收和回复

因公使用的商务邮件，必须定期查看收件箱，及时处理新邮件，使发件人免于担心邮件是否已被看到。一般应在收到邮件后的当天回复，而问题较难处理或太忙时，先简单回复对方已收到，事情正在处理之中，同时说明需要多久具体回复等。即使邮件有自动回复功能，也应这样处理。

重要或紧急事项的沟通，最好用其他沟通方式，如电话或面谈。

小提示大道理

现在的社会生活已无法离开通信工具。我们营销人员在使用通信工具时，无论如何都应谨记基本礼貌：表达清晰简练不啰唆，确保不发错误或有歧义的内容给他人，不额外干扰他人。

第四课

客户往来礼仪

THE FOURTH LESSON

他山之石

石建平是某著名电子公司的营销人员。入职三年来，他的个人销售额占了整个营销部的近1/5。谈及成功的原因，石建平说他非常乐于接待客户，认为只有当面交流才能真正发掘到机会。不管客户购买他商品的诚意有多高，他都认真接待，善始善终。

每次接待客户之前，他都要不厌其烦地对客户本人、客户单位的情况做一番尽可能细致的了解，再加上他专业的销售语言艺术，客户结束来访时基本上都和他成了朋友。在这种融洽的氛围当中，客户当然认可了他及他的产品，成交或者愿意推荐客户都是再正常不过了。就是靠这样看起来简单得不能再简单的方式，石建平创造出了公司的销售奇迹。

不管哪种形式的销售，在和客户的往来中，怎样展现出自己热情、专业、担当、高效、敬业的销售行为，是事关销售成功与否的关键。

营销人员仪态风度

仪态就是一个人心灵的外衣，是风度修养的生动体现。一个人的气质如何，其重点就是在仪态上。

手势

指引过程中，站在被指引物品或道路旁边，自己面对指引对象，右手手臂自然伸出，五指并拢，掌心向上，手背和地面约呈45° 角，指尖方向指向所要指引的方向。以肘部为轴，朝一定方向伸出手臂。指示道路方向时，手的高度大约齐腰；指示物品，手的高度根据物品来定，手臂、手掌和物品呈直线就可以了。无论指人还是指物，都不宜只用食指。

为他人做介绍，站在两位被介绍者中间。自己右手五指并拢、手心向上，手背与地面呈斜切约 45° 角，齐胸高度。当把 A 介绍给 B 时，右手指向 A，但面朝 B；而把 B 介绍给 A 时，右手指向 B，

但面朝 A。介绍的时候切忌左右手都用。（如图 4–1 所示）

客户往来中，无论是递物还是接物都应用双手，至少用右手。递带有文字的物品时，应正面朝向对方，以方便阅读；递带尖、带刃等物品，则应把尖、刃部分朝向自己，同时语言提醒对方。

客户交往中，需要避免这些手势：手插口袋、用手指自己鼻尖，用食指指他人等。

目光

对营销人员来说，把目光集中在对方面部区域就行了。而初次交往，最好把注视区集中在以两眼为底线、额中为顶角形成的三角区。

对方头顶、脖子以下区域都是注视禁区，特别是异性之间。

一般和对方目光接触的时间占相处总时间的 1/3 比较适宜，每次看对方眼睛三秒左右会让人感觉比较自然。

初次见面，在向对方问候、致意、道别等都要面带微笑，同时用柔和的目光注视对方，以示尊敬和礼貌。

交谈时，听的一方多注视说的一方，经常保持双方目光的接触。长时间回避对方目光、左顾右盼、直勾勾地盯着、上下打量、长久注视异性等，都是非常失礼的表现。

同时和多人沟通时，应用环视加点视的方法表示对他们的真诚、重视和一视同仁。

当双方都沉默不语时，应该把目光移开；当他人说错话或拘谨的时候，避免正视对方。

图 4-1 介绍中注意手势得体

站的风度

良好气质的站姿应该是挺胸、抬头、收紧腹部、两肩平齐，双手相握、右手放在左手上、叠放于小腹前，或双手自然下垂。两脚跟并拢或两脚呈“V”状分开，双脚分开时宽度不超过肩宽。

禁忌的站姿有：垂头耸肩、含胸驼背、双腿大叉、趴伏倚靠、抖腿，以及手插进口袋、双手平端或抱在胸前而站……

坐的气场

我们经常看到有些不好的坐法：两腿叉开，腿在地上抖，脚跷得太高。

坐的时候膝部可以分开，其宽度不要超过肩宽；两腿不能叉开过大；身体不能半躺在椅子或沙发里面。而女士坐时应尽可能双膝并拢。

一般坐椅面的2/3左右。为表示重视，交谈时不仅面向对方，而且整个上身同时朝向对方。

坐姿状态中的禁忌有：双腿直伸出去，抖腿、以鞋底示人或脚尖指向他人，把手夹在腿间；双腿分得太开，两膝之间宽度超过肩宽。

走姿形象

行走时，头抬起，目光平视前方，双臂自然下垂，手掌心向内，以身体为中心前后自然摆动。上身挺拔，腿伸直。要避免：不抬脚、蹭着地走，耷拉眼皮或低着头，成明显的外八字脚或内八字脚……

鞠躬致意

营销人员商务场合的鞠躬礼，鞠躬度数不用太深，上身和地面的倾斜角度成15° 或者30° 就可以了。当和日本人交往，他们用深鞠躬时，可以用和他们差不多的鞠躬度数还礼。鞠躬时，男士手放在身体两侧裤线处，而女士双手叠放在小腹前。

客户接待前准备

不打无准备之仗，客户接待工作更是如此。只有有准备的接待，才可能做到专业、高效及双满意。

日常接待

做好接待，首先就要了解情况，包括客户单位名称、客户的身份、姓名、联系方式、来访目的、到达时间等。还要主动告知对方：己方出面接待人员特别是主要接待人员的姓氏及身份。

当自己在与所约接待相近的时间还有其他事，应提前告知对方，让对方心中有数。比如约好九点会面，而你十点还有其他工作安排，最好在约定接待时间的开始就告诉对方，而不应在接待中不时看表，表现得心不在焉。

日常接待一般不需要特别布置会谈现场，也不需要宴请。一般安排职务与之相对应的人接待、洽谈。出面接待的人员应包括负责此事联络的人员，还要考虑是否需要其他人员参与，如有需要，应提前做好内部协调。

对于主谈事项，应事先做好相关资料（产品的相关资料，合作意向书或合同样本等）准备，沟通口径。另外，还要看是否需要准备会议室、投影设备等硬件。

如果对方有一定身份，或者采购金额较大，或合作后对本单位有一定象征性意义，则最好请本单位、部门领导或者主管领导出面，以示对接待的重视。

重要接待

重要接待的情况要复杂一些。了解来访的人数（包括性别）、身份、民族、联系方式、所乘交通工具、航班号及车次，到达的具体时间等。重要客户，即使是本地客户，如条件允许，也应提前做好诸如民族及饮食禁忌等重要信息的了解，以便为可能的宴请或将来的深入交往做准备。

对于远道而来的客户，如己方不承担住宿安排责任，出于礼貌或东道主的义务，也可以主动询问是否需要协助预订酒店。订酒店时，应该明确对方对酒店档次及交通位置的要求、所需房间数量、是否符合客人的民族信仰和习惯，以及有无特殊要求等。是否需要协助购买返程票也应询问（如买车票，还需要来宾姓名及身份证件号码）。

安排接待人员，并做好分工。包括接待前期联络与情况沟通人员、哪些领导出面、全程陪同人员、机场/车站接站人员、在单位接待人员、翻译人员（有外宾时）、会谈记录人员、会谈现场服务人员、宴请酒店及菜单安排人员、参观或旅游陪同人员、礼品安排及馈赠人员、送别人员。如需要安排欢迎仪式，还要组织欢迎人员、领导或来宾发言引领人、发言领导及致辞撰写人员等。

重要的接待，接待人员应有一定身份，酌情考虑身份的对等或者稍低一点，会谈时再由身份高者出面。对本单位有重大影响的来访，也可以由身份比对方高些的人员作为主要接待人员。优先考虑对方熟悉的人员接待或参与接待。保证主宾有专人陪同，其他人员可以共有一位陪同照顾、解说介绍。需要致辞或有欢迎队伍时，还应设引领人。

硬件方面，包括接待的车辆安排，是否需要在单位悬挂欢迎横幅，准备贵宾接待室等。会议室安排及美化与布置（横幅、音响、话筒、投影、白板、遥控笔或激光笔、幕布等），会谈材料（产品的相关资料，合作意向书或合同样本、人手一份的书写工具等）、位次安排、姓名牌、茶水、茶具、茶点等。客户有很高社会地位或是名流，还应准备好笔墨纸砚或精美赠言簿，请客户留下“墨宝”。根据中央对国家领导干部的要求，现在接待政府公职人员时，不能再安排题字环节了。

对于会谈事项，明确沟通思路并事先统一口径，明确承诺权限、需要询问的事项等。

对于重要接待，应就以上内容做好接待计划方案及预算，做到专事专人、专项负责。

称呼得体很重要

戴尔·卡耐基认为，一个人的名字对本人来说，是最重要和最甜美的称呼。有一次，卡耐基与布尔门铁路公司竞标太平洋铁路的卧车合约，双方竞争相当激烈，彼此不断削价直至无利可图。不久，卡耐基巧遇布尔门。针对恶性竞争的害处，卡耐基建议携手合作。布尔门极关切地问道："如果你我合作，那新公司的名称叫什么好呢？"卡耐基马上答道："当然叫'布尔门卧车公司'啦！"卡耐基的回答使布尔门的双眼顿时发光，双方很快达成了合作协议，不久都取得了巨大的利益。卡耐基巧妙地以对方的名字作为公司名，一下子就获得了对方的好感、拉近了距离。

我们都有这样的经验，即便在喧嚣的大街上，如果有人喊我们的名字，即使声音很小，也能让我们竖起耳朵。因为名字对自己来说很特别，它比其他的话都更容易通过我们的感觉过滤网。同样，商务交往中一定要从知道对方名字之后，就以此为称呼，使对方对你做出无意识的、积极的反应，对你更加关注、更有好感。

商务场合属于泛泛之交，久别之后如果还能准确地称呼出对方的名字，给对方的感觉就是，你很在意他，你是有心人，是办事严谨认真的人。这是商务礼仪中一项有效的交往技巧。

我们每天要和很多人打交道，记住对方名字确实不容易，这就要提前做足功课。如果对方给了名片，除再次见面时可以提前温习、熟悉之外，还可以将对方的名字和此次见面所谈事项结合起来，或者以谐音或自己熟悉者的名字、名人名字联想来帮忙记忆。

不小心忘记对方的名字，确实很糟糕，但谁也难免。我是这样做的，并且试了很多次效果不错：从容地、像老朋友般亲切地微笑，伸过手说："你好，靳斓，咱们又见面了。"这时对方不由自主地和我一样做："你好，××。"

已经知道对方的职务，如科长，并且姓陈，称呼"科长"和称呼"陈科长"，其效果是不能同日而语的。在你面前的"科长"可能不止一位，但"陈科长"却是只此一位。

用对方的职业相称，也可以对方的身份相称。职务、职称，最常见，如仅称职务"经理""主任"等。职务前加上姓氏"朱总经理""李局长"；职务前加上姓名，适用极正式场合"周家华董事长"；有职称的，特别是高级职称者，可直接以职称相称。

不管哪种称呼，也不管对方身份比你高还是低，称呼的同时必须用眼神关注对方并保持微笑。即使把对方身份称呼得再高，如果称呼他的同时看着其他地方，只能逼人家认为你是在敷衍而已，如此目中无人没有任何真诚和敬意可言。

众所周知，汉字里"您"和"你"两个字，两种称呼，各自体现出的对他人的尊敬程度不同。“您”比较客气有礼貌，“你”则相对较随意。对长者、身份高者，初次见面或者相交未深，用“您”而不宜用“你”，以示谦虚、敬重。而对于很熟识的人，即使身份比你稍高一点点，也可以称呼“你”，因为“你”这时候则显得更亲切、随意些。如果老朋友之间还整天“您”来“您”去的，无形中就多少显得生分了。

现在很多人都习惯将称呼简化，同时也导致产生一些不规范的、容易让人引起歧义的简称。比如把吴工程师，简称为“吴工（蜈蚣）”，把向工程师称为“向工（相公）”，把范局长称为“范局（饭局）”，等等。（如图 4-2 所示）

握手礼的关键三点

来自新闻网 2017 年 11 月 13 日的消息。

美国总统特朗普刚刚先后访问日本、韩国，在与日、韩总统握手时主动性程度的不同上，被外界解读为美国政府对待这两国亲疏有别的关系。甚至其中一国的媒体还以“我们赢了”为标题报道此事。我们在和客户交往中，如不想给他人留下对我们不利的想象空间，就必须注意包括握手这样的细节。

握手是世界最通行的致意礼，同样也是营销人员在商务场合基

图 4-2　称呼不能随意简化

本的见面礼节。需要注意三点内容。

怎样握手

握手时，双方相距约一步远，上身稍向前倾，两脚立正，伸出右手向受礼者握手。这是平等而自然的握手状态。

如果不是表达谦恭备至或者特别热情的场合，一般不要主动伸出双手相握。

除关系亲近的人可以长久地把手握在一起外，一般握两三下、三五秒钟足矣。不要太用力，但漫不经心地用手指尖“蜻蜓点水”式去点一下也显得无礼。两手一碰就分开，时间过短，好像在走过场，又像是对对方怀有戒意。而时间过久，特别是拉住女士或初次见面者的手长久不放，显得有些虚情假意，甚至会被怀疑为“想占便宜”。

如果要表示自己的真诚和热情，也可以较长时间握手，并上下摇晃几下。

掌心向下握住对方的手，这被认为显示着强烈的支配欲，表示处于高人一等的地位，是傲慢无礼的握手方式。

握手时不要看向第三方或显得心不在焉，而是微笑注视对方并问候。

问候时语气直接而且肯定，并在加强重要字眼时，紧握对方的手，来强化对你的印象。

握手顺序

长辈和晚辈之间握手，长辈先伸手；上下级之间，上级伸手后，下级才能接握；同等级别的男女之间，女士伸手后，男士才能伸手相握。当然，如果男士为长者，则遵照前面说的方法。

和多人握手，次序是由尊而次，即先年长者后年幼者，先长辈再晚辈，先女士后男士，先已婚者后未婚者，先上级后下级。

人数较多时，可以同每一个人都握手，也可以只跟相近的几个人握手，向其他人点头示意。

接待中，当客人抵达时，应由主人首先伸手和客人握，以示欢迎；客人告辞时，应由客人首先伸手和主人握，而如果由主人先伸手，则有赶客人走的嫌疑。

自己是尊者或长者、上级，而位低者、年轻者或下级抢先伸手时，应配合地伸手相握，以示自己良好的修养和风度。

在寒冷季节，握手前最好能保持手的温度，可以准备一个电暖袋、暖宝等便携式的暖手神器，在即将见面前暖一会儿手。寒冷季节以温暖的手与人相握，当然更容易给人留下深刻印象。

握手禁忌

以左手和他人相握。不管是有意还是无意，在有些宗教信仰者看来，左手是不干净的。

两人握手时与另外两人相握的手形成交叉状。基督教信徒认为这种类似十字架的形状很不吉利，而欧美国家大部分人都是基督教徒。

跨门槛握手，即一只脚在门里，一只脚在门外。

拒绝握手。当有手疾或汗湿、弄脏而不方便握手时，必须解释：“实在对不起，我的手……”以免造成不必要的误会。

还有戴着手套、墨镜，左手插在衣袋里握手；握手时面无表情、不置一词或长篇大论、点头哈腰，过分客套；仅握住对方的指尖。这些都是失礼的。

被忽略的介绍细节

商务场合，介绍是初次见面时沟通的出发点。不同的场景有不同的介绍规则，但总的规则就是让更受尊重者享有优先知情权。

商务场合，以个人身份职务为出发点，即把职务低的介绍给职务高的。接待客人到主人办公室，应把客人介绍给主人，这是为了方便主人知道对方是谁，以方便接待。在其他主方场合下，应把主人介绍给客人，以示对客人的尊重。

社交场合，把年轻的介绍给年长的、把辈分低的介绍给辈分高的、把未婚的介绍给已婚的、把男士介绍给女士、把身份低的介绍给身份高的、把本国人介绍给外国人。

介绍他人

给他人介绍前，应先了解双方姓名、身份。介绍中注意突出双方的身份、职务，特别是有值得骄傲的头衔或身份时，应该重点突出，这也是被介绍双方都希望的。人数众多的场合，如果大家年龄相仿、身份类似，则按一定次序，如从左到右、从右到左或者从近到远逐一介绍。

为他人作介绍，不要用食指来指指点点，应伸出右手至齐胸高度，拇指微曲，其他四指伸直并拢。不要一会儿伸左手、一会儿伸右手，左右开弓，显得忙乱而不规范。

给他人作介绍的时候，被介绍的双方才是主角。介绍中不要开玩笑，不要介绍后和其中一方不停聊天。记住：介绍完毕你的使命就结束了，剩下的时间交给他们。

被人介绍

自己被介绍给他人时，面向对方，以示想认识对方的诚意。等介绍完毕，可以握手致意并说“您好”“很高兴认识您”“久仰大名”“幸会幸会”等客气话，必要时还可以进一步做自我介绍。

社交场合，男士被介绍给女士时，男士就应向女士点头致意，然后等候女士的反应再握手回应。女士不伸手时，男士不宜主动伸手。（如图 4–3 所示）

在被介绍的过程中，应面带微笑，举止大方，热情应答、问候。原本是坐着的，当被介绍时应该站起来，除非对方身份比你低很多。

自我介绍

某些特定场合，比如酒会上想认识某人，但又没有人介绍，这

图 4-3　社交场合男士不宜先伸手

时可以作自我介绍。介绍时必须站立，主动向对方打招呼并点头致意：“您好！”以引起对方注意，然后说出自己的姓名、身份。也可以一边伸手和对方握手，一边作自我介绍。

自我介绍的具体形式有以下几种。

应酬式：适用于某些公共场合和一般社交场合，这种自我介绍最简洁，往往只包括姓名一项：“您好，我是靳斓。”

工作式：适用于商务场合，它包括本人姓名、供职单位及其部门、职务或从事的具体工作等：“您好，我叫靳斓，我是 ××× 礼仪培训师。”

交流式：适用于社交活动中，希望和交往对象进一步沟通。内容应包括介绍者的姓名、工作、籍贯、学历、兴趣及与交往对象某些熟人的关系：“你好，我叫靳斓，我是礼仪培训师，是周南的同事。我工作之余喜欢看书、旅游。”

礼仪式：适用于讲座、报告、演出、庆典、仪式等正式而隆重的场合。包括姓名、单位、职务等，同时还应加入一些适当的谦辞、敬辞：“各位来宾，大家好！我叫靳斓，是 ××× 礼仪培训师。欢迎大家光临我们的座谈会，希望……”

当自己的名字中有不常见的字，为避免对方读错引发尴尬，可以提前说一下，特别是要用正面人物或大家都知道的事物说明，这样更能加深对方印象。我的姓名两个字都不常见，因此遇到年长者我会这样介绍：“靳，是靳开来的靳。”对于中青年我会说：“靳，靳东的靳。”如果对方还显示出迷茫，我会继续说：“左边一个改革的革，右边一个四两拨千斤的斤。”“斓，是五彩斑斓的斓。”某次的酒会上，一位陈姓先生自我介绍说：“我叫陈 ×，陈世美的陈。”结果把大家笑翻了。

介绍多人

当被介绍的双方其中一方是一人，另一方是多人时，把个人介绍给集体就行了，不必再把集体中的每个人一一介绍给个人。

当被介绍的双方都是多人，由主方负责人首先出面，依照主方在场者具体职务的高低，自高而低地依次对其作介绍。接下来，再由客方负责人出面依次介绍。

小名片藏大乾坤

名片是营销人员对外交往的基本“道具”之一。方寸之间体现的不只是个人姓名、联系方式，更是一个人的见识、身份及修养。

名片用途

自我介绍。商务场合初次见面时，可以用名片作辅助性自我介绍。

业务介绍。名片上有所属单位、地址等内容，所以利用名片也可以为本人及所在单位进行业务宣传，扩大交际面，争取潜在的合作伙伴。

拜会他人。初次拜访，可以把自己的名片交给接待者，由其转交给被拜访者，以便对方确认决定见或不见。这种做法比较正规，可以避免冒昧造访。

通知变更。利用名片，可以及时向老客户通报本人的最新情况。比如晋升职务、变换单位、电话改号等。

作为礼单。赠送礼品时，可以把名片放入其中；或将装有名片的不封口信封固定在礼品外包装上方，表示“这是何人所送礼品”的标准做法。

替人介绍。介绍某人去见另外一人，可以用回形针把自己名片与被介绍人名片（自己的名片放在上面）固定在一起，然后装入信封，再交给被介绍人。这是一封非常正规的介绍信。

简短留言或短信。在名片的左下角，以铅笔写下几行字或短语，寄交或转交他人。如果内容较多，也可写在名片背面。国际上流行以法文缩略语写在名片左下角，以示慰问、鼓励、感谢、祝贺，这是非常正式的方式。常见如下：

P.R. 表示“感谢”。

P.F. 表示“祝贺”。

P.P. 表示“介绍”。

P.P.C. 表示“辞行”。

P.F.N.A. 表示“贺年”。

递交名片

一般选择刚认识或分别的时候递交名片。

递名片前先向接受名片者打个招呼，让对方有所准备。既可以先做自我介绍，也可以说“可否交换一下名片”“这是我的名片”“这是我的名片，常联系 / 请多指教”之类的提示语。

交换名片，应由位低者向位高者发送名片，再由后者回复前者。但在多人之间递交名片时，一般以由近而远、按顺时针或逆时针方向依次发送。

名片不是广告传单，也不是扑克牌，所以不要见人就散名片，也不要一手拿名片夹，一手递名片。

接受名片

客户递过来的名片，无论有多忙，都要起身并双手接过名片。至少也要用右手，而不得使用左手或者用手指夹。

接过名片后，先向对方致谢，然后以欣赏的姿态把名片默读一遍，遇有显示对方荣耀的职务、头衔应该轻读出声，以示敬佩。遇有不认识的字当场请教，避免读错出糗。

接受名片后应回赠自己的名片。名片用完或者没带，向对方做出解释并致歉。也可以在一张干净的纸上写相关信息给对方。

当双方同时递出名片时，最适当的方式，就是先放下自己的名片，在接过对方的名片后，再拿起自己的名片递上。

索取名片

如果想主动结识对方，或者想索取对方名片时，可以用以下方式表达。

互换名片。主动递上名片后，对方一般会回赠。担心对方不回赠时，可以在递名片同时说：“能不能和您交换一下名片？”

语言暗示。也就是用含蓄的语言进行暗示。向尊长要名片的时候可以说：“请问今后我怎样向您请教？”向平辈或晚辈的时候可以说：“请问今后怎么和你联络？”

名片存放

名片可以放在名片夹里，也可以放在上衣内侧口袋、公文包以及办公桌抽屉里，忌放在裤袋、提包、钱夹里。

接过他人名片并看过之后，以小心的姿态放进名片包或名片夹，也可以看了之后先放在桌子上。随手乱丢、拿在手里把玩或在上面压其他物品，都是失礼的做法。

为便于以后能详细了解现在的情况，可以在名片上写下供自己参考的资料，比如收到名片的时间、地点、交际结果；其他名片上没有的信息，比如对方是哪里人；自上次见面后，对方单位、部门、岗位的变更，等等。这些最好事后再记录，而不是当面。

迎送位置有讲究

客户来访，当然是求之不得的，这往往就是双方合作的开始。做好迎送是基本的待客之道，也是展示单位形象、专业水准的窗口。而在哪儿迎接，送到哪儿，也都各有讲究。

办公室迎送礼仪

一般的日常来访，可以在办公室门口迎客。客人到达后，立即快步迎上前，保持微笑，主动伸手相握同时问候，然后邀请到合适的地方请客人入座。不可以在座位上坐着不动和客人打招呼。临时有事而不能出面接待的，应告知对方并表达歉意，同时安排相关同事迎候、接待。事后应立即出面接待，并再次表达歉意。

客人离开时，等客人起身后自己再起身。走在客人后方；客人不识路，则走在客人左前方引路。可以送到办公室门外或电梯口。挥手道别并目送客人，直到离开视线后再返回。

电梯门口迎送礼仪

对于相对重要的客人，提前一两分钟到电梯口等候。电梯门开启后，迎上一步，一手挡住电梯门，另一手做邀请动作，请来宾出电梯。然后主动和主宾伸手相握并问候。对其他随行人员可以逐一握手。对方人多时，也可以对其他随行人员点头环视微笑致意。

送客人到电梯门口时，电梯门开启后，伸手替客人挡住电梯门等客人进入电梯，同时挥手道别。客人离开自己视线后再转身离开。

楼下或大门口迎送礼仪

上级领导或重要客户来访，应到公司楼下或大门口迎候。获知到达的时间后，提前到楼下门口或大门口等候。即使对方因堵车迟到，中途也应避免长时间离开。车辆到达并看到车中的来宾时，向来宾挥手致意。可以为主宾打开车门，请其下车，随后主动伸手相握并称呼问候。

对于特别重要的来宾，应该主动为来宾开车门。待车辆停稳后，快步走向主宾车门位置，左手打开车门，右手挡在车门上框位置。

客人离开，送到楼下或大门口。客人车辆启动时，挥手道别并注视着车辆。看不到车辆之后再转身回单位。

多人迎送时，以离主宾的远近、由职位高到低的顺序略加排序，不应像游兵散勇般乱站或客人还未离开就交头接耳甚至往回走。

酒店迎送礼仪

到酒店接客人，出发去酒店前沟通好时间，以便客人做好准备。比约定时间提前 5 分钟到达，并在酒店大堂等候。对于不认识的客人，要告知你的具体位置，在车边或车内等候时还应告知车型车牌号等消息。约定时间还未见客人，可以电话联络，不可以鸣笛催促。

送客人到酒店，引领客人到酒店门口，说几句话后便应请客人休息，可以说说具体什么时候再会面之类的话，然后主动告辞。帮客人提拿行李时，送到酒店房间里面后尽快告辞，不应再坐下聊天。

高速路口迎送礼仪

提前联络了解对方到达的大概时间及双方会面的高速口的标准名称。到达约定位置将车辆停在符合交规并方便停车且不影响其他车辆的位置。电话告知客人你所在的位置及参照物，待客人将要到达，我方车辆开双闪以方便辨认。

当我方车辆只是来带路，客人仍在他们车上时。相会后开车窗确认并简单问候，告知还需要多久到达目的地，再启动车辆在前面带路，始终保持和客人车辆一样的车速。

客人需要下车乘坐我方车辆的，接待人员提前站在车右侧恭迎客人，见面后主动自我介绍，客人进我方车辆后帮助客人开关车门后自己再上车。

车站 / 机场迎送礼仪

确认好车次、航班及到达时间，并提前告知对方谁接及联系电话，并提前 10 分钟到达。出发前，确保自己的手机电量足够，最好再带上充电宝。遇上阴雨天气备足雨具。

炎热或寒冷的天气，注意提前调好车内的温度、准备好饮品。天热时，最好能准备饮用水、湿纸巾或面巾纸供客人使用。

到达之后，到了车次或航班到达时间，再给对方发短信或微信告知自己在什么位置等候；互不认识，又没有接站牌时，可以再告知衣服的颜色等易辨认的特征，如："孙总，我在车站西厅出站口恭候您。我穿着红色上衣，黑色西裤。中贸集团刘杰。"

见面后主动握手问候："××，一路辛苦了""××，欢迎您到××来。"此时不必交换名片。双方不认识的，先自我介绍，说出单位名称、自己是谁，再问候。可以帮忙提拿客人的大件行李。

上车时，打开车门请客人先上，并用手示意。有专门的司机开车时，请客人坐在后排座的右侧，自己坐左侧。客人入座后，关好车门再从车尾绕到另一侧车门入座。有比自己职位高的领导一起接站时，则由领导陪同客人，请领导坐在客人左侧，自己坐副驾驶座。

当然，如为让宾客顺路看清本地的名胜风景，也可以说明原因后，请客人坐在左侧。

自己亲自开车，而没有比自己身份高的领导随行，这时的上座是副驾驶座。对于吉普车，无论谁开车，副驾驶座都是上座。

接客人去酒店途中，主动询问客人在此逗留期间有没有私人活动需要代为安排。同时把商务日程、活动安排介绍给客人。如日程安排较复杂，最好能提供人手一份的书面行程表给客人，行程表上应有主方联系人姓名、电话。如果还有时间，而客人又有兴致，可以介绍一下沿途的景致。感觉客人有倦意时，在简要介绍日程安排之后就不应再打扰。

下车时，自己先下，再为客人或领导打开车门，请他们下车。

送行时，提前算好所需的路程时间及出发时间，避免因堵车误事。到达机场或车站，将车停在方便客人下车的地方。下车时再检查车上是否有客人遗留的物品。

特别要注意的是：当接待政府公职人员时要注意国家的相关规定。即不跨地区迎送，不张贴悬挂标语横幅，严格控制陪同人数，不得多人层层陪同。

接待陪同礼仪

上门来访，不管是远道而来还是同城来访，最怕受到冷遇。另外，不管是普通客户来访还是重要客户，来者都是客，做好接待是主人基本的待客之道。

接待中的陪同既是对客户的礼遇，使其受到关爱，也使沟通更便利，同时方便客户了解相关情况。

陪同与协助

陪同时，主人走在客户左侧，以示尊重。当作为主陪时，则应并排同行，其他随行人员走在客户和主陪后边。而当负责引导时，应侧转体走在客户左前方一两步远的地方，同时和客户步速保持一致。

遇到路口或转弯、道路不平、路滑、上下楼梯等特殊位置时，用手示意、语言提醒。

乘坐电梯，有电梯司机时，请客户先进；没有电梯司机时，接待人员先进，到达时请客户先出。进门时，外开门则请客户先进；内开门则自己先进，扶好门后再请客户进。

乘车时，陪同人员先打开车门，请客户上车，并以手挡在车门上框，提醒客户避免磕碰，待客户坐稳后，再关门开车。车停后陪同人员先下车打开车门，再请客户下车。同时接待两位贵宾时，主人或接待人员应先拉开后排右边的车门，让尊者先上，再迅速从车尾绕到车另一侧打开左边车门，请另一位客户从左边上车。只开一侧车门让一人先挪进去的做法是失礼的。（如图 4–4 所示）

陪同过程中，注意和客户适当聊天，避免冷场。在车上客户休息或表现疲惫时不应再打扰。

陪同时，要带客户去哪里、大概多远，去见什么人，都应提前告知。

参观陪同

根据对方来访目的、本单位的规定、时间计划，可以提出参观项目建议，也可以就对方提出的参观建议上报主管领导同意后予以安排。

安排参观，要考虑的因素有：起止时间、交通工具、陪同与讲解人员、参观项目的资料准备、休息地点、餐饮安排、其他安全措施（如安保或特殊行业、特定部门所需的防护服）、拍照录像人员等。

对于贵宾，一般由主管领导甚至单位负责人亲自陪同讲解。一般情况下，是由一直接待的人员陪同参观并讲解，或者由单位专门负责讲解的员工负责。

图 4-4　避免从同一个车门上车

参观前，应向客户介绍这次参观的大致情况，如项目情况、参观时间、特别注意事项、陪同人员、讲解人员等。

陪同参观过程中，行进速度应照顾到客户的速度。讲解时，面向客户并与客户保持适当距离，既方便自己看展品又方便介绍。注意把客户引领到适合他们观看的角度。随时提示客户观看时的注意事项并做出说明，注意经常和客户做眼神交流。特殊地方，如有楼梯、台阶、地滑、地不平以及头顶上方有障碍等情况，随时要有语言关照，提示客户。

客户提出的问题应准确并简要回复，以免影响参观进度。

游览陪同

对远道、首次来本地的贵宾，制度及条件允许时，安排游览本地名胜也是人之常情。景点安排要少而精，重在著名和特色。但接待国家公职人员时，即使是大客户，也不应安排游览——这是有违党纪国法的。

游览前先安排好交通工具、陪同人员、饮料、零食、纸巾、伞（夏天或阴天）等物品。陪同人员应包括对方熟悉的人，这样方便交流。

游览中，安排好门票购买、景点讲解、拍照留念、中途休息、饮食等事项，确保浏览的舒适、尽兴、安全不出差错。其中，饮食安排尽可能安排本地的名吃、特色小吃。

如是主方提供摄像拍照器材，照片、视频整理后应及时传送给对方，也可以制成电子相册或刻成光盘寄给对方，给客户一个惊喜。

另外，如经费允许，也可以人手一份旅游纪念品，价值不一定高，但要有纪念意义。

道别礼仪勿马虎

送客，是接待的最后环节。一个专业的接待应该善始善终，忌虎头蛇尾。认真做好最后的送客工作，为接待画上圆满的句号。

接待工作中，前面做得再好，但到了最后送客的环节如果失了礼，让客户产生不好的印象，使费时费力的前期工作前功尽弃，那就太不值了。

有的人很“实际”，接待时很热情，是因为觉得如果合作成功会带来效益，对方是来送钱的呀；而一旦合作不成，就顿时失去了兴趣，别说寒暄送客了，哪怕送到自己办公室门口都觉得没必要。这种急功近利的营销人员，即使业务能力再强，人脉都难拓展，也难有口碑效益。俗话说“做人留一线，日后好相见”。即使这次因各种原因暂时没能合作，也可以保持友善关系，说不定对方在时机成熟时再合作，或鉴于你们的专业水准而义务推荐给其他单位呢。况且“三十年河东，三十年河西”，即使今天不如你的，若干年后或许让你遥不可及。所以我们提倡与人交往，应敬畏并善待对方，种下善因才能收获善果。

日常接待送别

除非有十万火急的事必须马上亲自处理，否则不宜主动结束或者暗示结束接待。

客户起身告辞的时候，作为主人应婉言挽留。不要客户刚说要走，主人马上就站起相送，或者起身来挽留，这都有下逐客令的嫌疑。客户执意要走，也要等他们起身后自己再起身相送。

即使日常接待、普通客户，出于礼貌也应把客户送到门口，并站在门口目送一段时间，等客户身影即将消失时再返回。不要当客户走了两步想回头再次致意，发现主人连后脑勺都不见了，这样很难让人相信主人刚才接待的诚意。把客户送到门口时，返回房间后关门一定要轻，客户刚出门就听到身后“砰”的一声响，让人听起来难免心寒，感觉好不容易才盼走似的。

对于重要客户，应送得稍远一点。可以送到电梯口或本楼大门口。送到电梯口时，替客户按下电梯，等客户进电梯、关上电梯门后再离开。送到大门口时，等客户身影行将消失再转身离开。

对于非常重要的客户，应该送到交通工具旁。开车来的，送到车边时，等轿车发动、开出一截路后再转身离开。乘出租车来的，可以帮助叫好出租车（当然，现在可以用手机 APP 软件叫车，省事、快捷），等出租车开出一截后再返回。这时可以挥手道别，然后再返回。

送别时的握手表示“就此别过”“就此留步”的意思。所以这种场景下拥有握手主动权的是客户。客户没有主动伸手，主人不宜先伸手，否则就成了催促客户赶紧离开的意思。

重要接待送别

对于要客、贵宾、远客，可以请相关领导参与送客，以示对客人的敬意和重视。

对于远道而来的客户，可以考虑是否需要安排交通工具送到车站或机场。

对于重要客户特别是远道而来的贵宾，应该考虑为其准备一份土特产或纪念品，在临别之际提前郑重奉上。

为了表达对其同事的友好情谊，可以告诉客户代为向其他人问好，比如：“请向贵公司全体同人问好”“祝贵公司生意兴隆，财源广进”“周经理这次没来真是挺遗憾的，麻烦您代我向周经理问好”等。

道别时再和客户说一些诸如“请慢走”“再见”“欢迎下次再来”“合作愉快”“祝一路平安，旅途愉快”等道别语。像“一路走好”就不要说了；客户如不是坐船，“一路顺风”也没必要说。（如图 4–5 所示）

送客户到车站时，应等车辆开动并即将在视线中消失时再返回；送到机场，最好等客户通过安检再返回。

到车站或机场送别等候安检或检票的时候，不要表现出心神不

图 4-5　道别语不能乱说

宁或频频看表，以免使人误解成催他赶快离开。

有特殊原因要在安检或车辆开动提前返回时，一定要向对方说明，请求谅解。送走后可以在客户上车或登机后，发一条表达祝福或期待下次会面的短信。

客户拜访和赴约

一家单位采购商务礼仪培训项目。初选了若干家培训企业，选中不管是商务礼仪培训课程内容、还是师资都不错的三家来面谈。最终选择了一家价格并不是最低的企业合作。

谈及原因，主管介绍说，就其提供的培训内容和服务承诺，这三家都不错。但一见面，高低立判。另两家来面谈的主管，一位不停地说自己的好，极力贬低同行；而另一位则穿着蕾丝外露的衣服，牛仔裤，运动鞋……专门教别人专业化形象和交往艺术的培训机构，自己的打扮、言行却这么业余，怎么能可信呢？

上门拜访的机会得来不易。营销人员必须努力打造一个专业、诚信、表里如一的良好形象。

做好准备

如三四天前就约好，那么应在赴约的前一天再次确认。确认时一定要显示出你知道以前的信息。如确认地址时：

营销人员应该说："孙总，我是到朝阳区朝阳路65号B座（事先对方说过的地址），是吧。"

营销人员不应该说："孙总，我是到哪里呢？"

前者是告诉孙总：您以前说过的所有信息，我都很在意，都记得。

名片是自己身份的代表，所以赴约前务必准备好名片。既要看有没准备名片；如果有几种名片，还要看你所带的名片是不是适合这次会谈。

赴约总有明确目标，围绕这个目标做好准备，比如洽谈的内容范围，必要数据的核实，谈话内容的专业材料准备等。准备充足，足以说明你的诚意，也能使谈话有条有理、主旨分明，从而把握主动。

对所要见者、所在单位的情况了解。特别是要见者毕业于名校、籍贯、经历，这些信息可以在见面后的沟通中"不经意"地提到，很容易让对方有亲近感。

小姜了解到客户方的周经理是湖南人，见面后聊到饮食文化，说："我不挑食，但相对更爱吃偏辣的，人家都说我是湖南人，其实还真喜欢湖南那样人杰地灵的地方，但我不是啊。"周经理听后"哈哈"地笑了，小姜明显感到沟通氛围变得轻松很多。

服饰方面也要力求端庄、整洁，符合这次面谈的主旨，是很正式的面谈还是休闲式的、随意的面谈，然后据此来判断穿着正式还是休闲一点的。

注意守时

德国哲学家康德是一个非常守时的人，他认为："无论是对老朋友，还是对陌生人，守时就是最大的礼貌。"纳尔逊侯爵曾说："准时是国王的礼貌、绅士的职责和商人的习惯。"

守时是优秀营销人员起码准则，无论是什么原因，迟到都会被认为是没有原则、不守信用。这只能让客户有被轻视的感觉，连郑重其事的会面都这么没谱，那么所销售产品的品质就难说"有谱"了。

守时的人无形中展现了自己的真诚和严谨，这必将得到他人真诚的回馈和敬重。

商务往来的双方都各自代表了本企业相约面谈，守时在这里的意义，更体现着一个企业的尊严。它体现的是对时间的珍惜、对这次面谈严谨认真的态度，从而折射出这个单位的企业文化、管理水平和员工素质。

守时，就是指准时到达，早到五分钟左右是可以的，但不要提前太早。到得太早，可以在约定地点附近转转，等时间差不多时再去赴约。

见面有礼

营销人员小孙和某医院联系几周之后，对方联系人终于让小孙去和他们副院长当面谈谈。几个小时的车程，下午三点饥肠辘辘地赶到，顾不上吃中饭直接由联系人带着找副院长。

然而，小孙看到的是板着脸、心情不悦的副院长。一见小孙，副院长就直接让其介绍产品，刚一介绍完就对产品噼里啪啦地一顿狂批。小孙很吃惊，这和联系人所说“副院长挺感兴趣”的说法截然相反。马上回去？既来之则安之。我代表的是公司形象，他们可以不礼貌，但我不能失礼。于是小孙耐心、礼貌地一一讲解，并介绍了售后服务等相关事项。会谈结束从医院出来，医院联系人抱歉地对小孙说“副院长今天从早上到现在都没吃饭，一直在解决一起医闹，着急上火呢……”

事后，医院采购了小孙公司的产品，并对小孙赞赏有加。

“伸手不打笑脸人”。去客户单位见面，必须保持礼貌，这是风度也是技巧。不管你认为面谈的成效如何，都必须始终保持礼貌、专业，对客户、对客户单位所有人。

去单位做客不必携带礼品。而去私人居所做客，可以适当准备小礼物，如鲜花、水果、糖果、书籍等。

被引领到指定地点、见到主人时，对接待人员致谢。没有引领时，来到房间外，在进门前要先轻声、有节奏地敲门或按门铃，即使门是开着的。

进入主人房间后，主动打招呼问好。遇到有其他人在场，同时向大家点头致意。主人没有主动介绍，不宜主动询问他们和主人的关系以及来访的原因等。

如戴着手套或是帽子，进屋后先脱掉。雨天带了雨伞的话，进屋后用伞套装好，或是放在主人许可的地方。

公文包放在自己身边的地板上，不可以直接摆在桌子上。

客户方没有邀请入座之前不能随便坐下。就座时，不应先于主人或身份比你高的人坐下。

落座后应该由营销人员先开口来打破沉默，把握话语主动权，如："您这么忙还来打扰，真不好意思。"刚上班的时候可以说："一大早就来打扰您，真对不起。"下午3点之后可以说："这么晚了还来打搅您，真对不起。"等等。

做客强调"客随主便"，以充分体谅主人。例如，主人没有邀请你参观他们的其他办公室或设施，不宜主动提出（如此行就是以此为目的，必须用征询的语气提出），更不能未经许可四处走动或东张西望甚至翻动物品。

当接待人员或主人为你奉茶时，应欠身双手相接，并致谢。

茶水太烫时可以等晾凉再喝，不能边吹边喝。杯盖放到茶几上时，盖口朝上。喝茶宜慢慢品饮，不应一饮而尽，也不要啜出声音。

一旦主人特别告诉你这是什么茶，或者有什么特别之处，意味着他很重视你们的交往，作为回报，你应该对茶说些赞美的话。

二手烟是非常让人反感的。对于烟民来说，拜访之中要特别注意，主人没有主动请抽烟，客人不可以主动提出。主人不抽，作为客人即使被允许也不应抽。主人给你递烟时，不管是不会抽还是不想抽都应致谢："谢谢，我不（会）抽。"

拜访切记适时告辞

很多人告诉我，他们在接待营销人员的时候，最怕"粘屁股"——不知道适时离开的人。说得太直接，有伤对方颜面；陪着干耗时间，无端耽误其他工作。作为营销人员来说，做客有礼、适时告辞，不仅是风度，更是智慧。

注意举止

"无事不登三宝殿"，拜访客户当然是希望加深情感、有机会合作。作为客人，约束举止是起码的为客之道。

拜访当中，客户临时有事离开，不管什么原因，作为客人的你耐心等候就好。此时要约束自己的好奇心，不要四处溜达、张望。

客户拜访阶段不是谈判，而是重在沟通情感，建立信任。所以对于非原则性的内容，即使双方意见不同，也不必较真。做到"求同存异"，努力营造出和谐、融洽的交往氛围。

即使客户有失礼之处，只要不涉及自己的人格尊严，都应克制，尽可能保持风度。这对做营销的我们来说，都是常有的事——无法选择客户。所以应有这样的心理准备。

做客当中，即使客户再友善，营销人员也不应给客户添麻烦。我们中国人性格内敛且好面子，对客人的额外要求嘴上一般不驳，但心里可能已经烦得牙痒痒。

适时告辞

做客必须识趣，知道适时告辞。已约定会谈的时长，应在到点前就结束。双方对此事先无约定的，一般以半小时至一小时为限，除非你们是老铁。

当双方谈完事情，或者谈完事刚好到休息时间，就应起身告辞。除非你想请对方吃饭，或者对方请你吃饭，否则快到用餐时间必须毫不犹豫地告辞。当有其他人来访，而你们已沟通好，应立刻告辞；如果还没谈完，对方同意和你继续谈，也应尽快谈完并离开。

客户有一些主观情况发生时，拜访者也要及时“知趣”而退；客户表现出疲倦的状态；双方话不投机，或当你说话的时候，客户反应冷淡，甚至不愿搭理；客户站起身来，或是把你们的谈话总结了一下；客户虽然显得很“认真”，但反复看时间。

当然，如双方聊得很欢，且客户主动提议延长时间或客户自己停不下来时可以例外，但也要注意见好就收，留些悬念给下次的会面。

注意事项

告辞的时机，应是自己说完话之后，而不是客户或其他人说完话之后。同时，告辞前不应有打呵欠、伸懒腰等举止。

提出告辞后，没有非说不可的话时，就要毫不犹豫地起身告辞。

告辞前，应该对客户的友好、热情等给以肯定，并说些“打扰了”“添麻烦了”“谢谢了”之类的客套话。还可以说些诸如“这两个小时过得真快”“和您说话真是一种享受”“以后还要多多指教”“希望我们以后能多多合作”的话。对于受到的特殊礼遇，比如什么人亲自接待、泡了某种极品茶，都应再次表达谢意。

起身告退时，现场还有其他客人的话，即使不熟悉，也要遵守“前客让后客”的原则，礼貌地和他们打招呼。

客户起身相送时，识趣的客人应在客户送上几步后就站住，主动伸手和客户相握的同时说“请留步”，以示告别，并再次请其留步。（如图 4–6 所示）

怎样巧妙越过前台

拜访有一种情况——陌生拜访。这种拜访主要目的就是见到关键人士。要想成功地见到关键人士，必须越过负责来客分流的前台。

知道姓名

这种直接拜访，往往不知道要找的客户姓名。如果什么都不知道就贸然地通过前台找，勇气虽然可嘉，但成功的可能性很小。可以通过一定方式知道客户的姓名。

可以事先打该单位的电话询问。问总机或者随意转分机号，向

图 4-6　应请主人适时留步

接电话者询问，总会有人告诉你。

如果已经来到了客户单位，可以在没到前台位置之前，问进出的员工，如：“咱公司的行政科负责人还是陈科长吗？”总会有人告诉你正确的姓氏。

和前台“交锋”

前台判断是不是已经预约，一是看约见备忘录（前提是该单位有这样的规定时），特别是单位老总要见的人，前台往往都会知道。管理越严谨的公司，前台越能做到这一点。二是前台看来访者是不是“像”应约而来的，这种情况主要是通过询问的方式获得。

营销人员要像应约而来那样，轻松、自信地走向前台，礼貌致意，用清晰坚定的语句告诉其意图。

如：“您好，我是 ×× 公司的李力，找行政科李科长。”介绍自己的时候，应介绍自己公司的简称，以尽可能模糊自己的具体职业。

如果前台问是否有约，不宜直接正面回答。可以采取模棱两可的回答方式，如“我们有过联系”“上次说让我过来一下”等。

如果碰上了较真儿的前台，一定要问有什么具体事时（一般找该单位身份较高者，而前台又没查到约见记录，但又不敢贸然拒绝时），可以用简短、抽象性的字眼或用一些较深奥的技术专用名词向前台说明来意，让她觉得你的来访很重要。如果自己的商品不涉及抽象性的字眼或较深奥的技术专用名词时，可以含糊地说：“上次见面的时候和陈科长聊过合作上的事，陈科长让我过来再详细沟通。”

可以先和前台处好关系。第一次来时可以赠送一份小小的礼品，礼品要价值较低但应是很精美或实用的，一看就是价格高的，前台也不敢要。这样时，前台自然对营销人员印象不错，当改天再来的时候，和前台已经成了熟人。当向前台了解要找的人一些必要信息，请求安排约见等，就会容易得多。

礼貌离开

和拜访对象完成谈话后、离开企业时，一定要向前台打招呼，同时请教姓名，以便下次见面时能立刻称呼出对方名字，增加前台对你的好感。

学会察言观色

和客户面谈时，不仅要通过客户的口头语言了解信息，还要通过察言观色了解一些被掩藏的真实信息。

观察可见信号

客户每一种表情和动作都有一种潜在含义，都表达出一定信号。当一位服饰鲜艳、珠光宝气的客户走进汽车展销大厅时，说明她可能更喜欢那种刺激、新潮的车；如果在客户的办公室或家里看到很多小摆设的话，他可能乐意买一辆挂有艺术品的车。

对穿着高档、全身名牌的人，如果营销人员极力推荐中低档商品甚至是处理品，销售不可能获得成功。

一个人的穿着打扮、举手投足及工作和生活的环境，都透露出了太多这样的信息。所以营销人员在和客户交往中，必须要多注意这种可见的信息，为自己的更有效销售提供一些思路。

观察对方表情

一个人的心理活动可以从他的面部表情表现出来。精明的营销人员会依据复杂表情来判断客户反应，并积极地采取相应措施。

和客户交谈时间过长，发现客户不时地瞄一下手表，就表示有点不耐烦了，或者他有其他工作需要去做，营销人员应该告辞了；客户需要写东西的时候却空着手四处瞅，就表示正在找笔。而如果营销人员观察到并采取相应措施，无疑会给客户留下不错的印象。

向客户推销某件商品时，看到客户显出稍有不快的神色，就要对商品的不解和疑惑做出解释。客户对商品都要经历从怀疑到半信半疑直至有意向购买这个阶段，所以销售过程中要留心观察客户的表情，体会他们的心理活动。

留心客户态度

一位哲学家曾说："人的脸能准确地表现出他的本意，如果他欺骗了我们，而我们还蒙在鼓里，那只能怪我们没能看出来。"无论人的内心怎样复杂隐晦，也一定会通过行为表现出来。

眼睛是心灵的窗户，从眼睛中营销人员可以看出客户对商品是否感兴趣：一是要留心客户的视线是否随着你的动作或者展示的物品而移动；二是要看客户的眼睛是不是像要闭起来似的，或者眼睛连眨都不眨；三是客户的嘴角往后拉，或者嘴部半开半掩；四是客户会随着你的话题变化而改变表情。如果客户具有以上表情，就说明你的销售工作起了效果。

注意态度变化

当客户开始否定自己、批评自己，或者开始向其他人询问对该商品的看法时，都是即将购买的征兆。如果说出："你非要现金的话，那我就不买了。"这就意味着客户是有意购买的，只是限于当前条件还有些困难，否定自己只是希望营销人员能知道他的困难所在。如果这个困难能够解决，对客户来说最好不过了，两者皆大欢喜。客户向周围的人询问看法时，他只是还有点缺乏主见，需要他人的肯定才能放心购买。这时营销人员要做的就是说服客户所询问的人。

而当客户的视线不动，有些出神、发呆，或者视线忽然转移到其他地方，如样品、商品说明，也可能是营销人员的脸上，这多半是客户正盘算着值不值得购买。

客户的身体前倾，声音的忽大忽小也是态度变化的表现。

留意逆反心理

逆反心理是自我意愿得不到实现、尊重或是自尊心未能满足的一种对抗性的情绪表现。这种心理活动在通常情况下都会经由脸部表情和行为上体现出来，这是正常现象，不必过多忧虑。

客户向营销人员问明来历后，营销人员递上商品介绍资料和名片，客户都拒绝接受。

在涉及正式事务时，客户却又中断谈话，进而寻找和所谈内容没有关系的材料。这时候他同事或者下属进来时，他却能长时间地耐心沟通。

当客户翻开商品说明书时，翻阅速度很快，眼神也不知投往何处了；交谈时客户眼光飘来飘去，有时盯着别处，但不注视营销人员。

这些都是客户逆反心理的表现。对有逆反心理的客户，营销人员需要做的就是赶紧设法引起他们对商品、对谈话的兴趣，让他们的心理变得积极起来。

解读肢体语言

肢体语言就是肢体动作表达出来的信息，是人们心理活动的客观反映，比口头语言更能真实地体现心理活动。

头部姿势

点头。点头几乎是一种表示认可和同意的通用信号。在和客户谈话时，客户在认真听你说话时会有点头动作。这时他们并不一定认可你的话，而可能只是在倾听，并用点头的方式鼓励你继续说下去。点头是表示对交谈具有普遍兴趣的“晴雨表”。

有时不停点头也表示不耐烦。你在讲话时，他人不停点头则表示："是的，没错儿，我知道，行了，我们可以转到下一个话题了。"

一边东张西望，一边点头时，只是一种礼节性的敷衍。

有时候，持续时间长的点头会噘起嘴巴，或者用一根手指压在嘴上，然后开始以更快的速度点头，意思是说："差不多了吧，该我说了。"

歪头。歪头主要表示柔弱，是表示可信的一个强烈信号。而朝同伴歪头的人会被视为友好、亲切、诚实。当把头歪向一边，另一面的脖子就会暴露在外，就像动物想显得温顺时所做的那样。这种信号展示出的是公开和接纳的意愿，能增进彼此的信任。

手放在头部

摸嘴巴。用手摸嘴时，可能表示的是惊奇、紧张、羞愧、困窘或期盼，等等。往往也是一种代表欺骗的强烈信号。

咬指甲或者戳嘴唇可能表示更强烈的焦虑感。不过有些人在聚精会神的时候也喜欢摸嘴唇或揉嘴唇，这种自我安慰的多余动作有助于他们更集中注意力。有些人此时喜欢摸位于上唇和鼻子下方之间的槽，另一些人则会将上下唇捏在一起。另外，如果把手放到嘴部这个位置，遮住了嘴或者嘴的一部分，就很可能是在说瞎话。因为人们都不喜欢听到自己在撒谎，所以习惯性地用手捂嘴。

摸鼻子。无论是捏还是揉，用手触摸鼻子都是不讨人喜欢的动作，还是经常和欺骗相关的动作。自己平时尽量不要做这个动作，以免看起来像在撒谎。

摸下巴。当我们评价、思考和分析时，将一只手放在嘴巴、下巴或脸颊下面是一种自然而然的舒服姿势。不过这个动作也可能表示疲劳和厌倦。

如果用食指向上朝着耳朵，用拇指摸着下巴的底部，可能是在进行某种评价。之后如果食指移动并停在上唇部位，表达的是疑惑的含义，体现了对说话内容的怀疑。

如果以拇指衬脸、食指朝上的“摸下巴”动作，旨在向他人表明正全身心投入、对对方所说的话正在冥思苦想。注意不要用食指或中指遮住嘴巴，因为这个动作表示质疑或打算撒谎。

搔头或搔脖子。搔头或搔脖子可能蕴含许多意思，但多数都表示某种不信任。搔头是表达茫然或疑惑的典型动作：“我不知道接下来该怎么办。”

做搔脖子动作以示怀疑时，先是将头偏到一边，手指相应向下搔脖子旁边耳垂所在的地方，显示出不确定和不信任：“真的吗？你敢肯定？”不过搔脖子还可能代表欺骗：对方可能有意识地想让你将注意力从他嘴上移开，或者传递着怀疑之情。

躯干信号

躯干作为所有体内器官的所在地，是一个面对攻击感到柔弱的区域。而我们所有信号也都体现了对这种易受攻击性的感知。

耸肩。耸肩时，整个身体会向下缩，同时手掌会以一种张开的、表示顺从的手势伸出去。这种信号传递的信息多半表达的是不确定性。耸肩通常和另一个手势伴随出现，比如道歉时抬起肩膀，脖子向下收，同时敞开双手、手掌朝上。这是一种无意识的动作，旨在使自己显得更小、更柔弱，从而提高被原谅的可能性。

如果正在进行非常诚恳的口头表达，无意识地运用这个动作时，表明自己要么在撒谎，要么对自己的话不自信。

后仰。坐在椅子里、身体向后仰时，双肩会向下塌，下巴会向胸部微收，这是一种很舒服的姿势，和很熟悉的人才用这种姿势，否则给人的感觉就是失礼的。后仰是告诉他人“我很傲慢、自大”的方式。假设客户和你坐在一起时身体向后仰，甚至可能将双手抱着脑袋。这种“懒仰”动作在说：现在讲的事项没有重要到让我必须把身体坐直、认真听的程度。

后仰也是一种想要躲开和他人谈话的方式。如果你喜欢说话时把身体凑近他人，那么对方可能会借此提醒你侵犯了私人空间。在社交场合，后仰动作的唯一时机是关系非常密切、是“老相识”，以至于表现得完全放松也无所谓的时候。

前倾。当你对某个人说话感兴趣或者某个人对你感兴趣时，就会有人试着向前探身。身体前倾不仅表示喜欢倾听，而且也可解读为诚恳和自信。前倾的角度要小，一般不超过 10°，如果角度太大就会有一种迫不及待或者人身攻击的感觉。

要让客户感受到你的认真和重视，应该更多地采取身体前倾动作，意思是：我很想听，再和我说说吧。

如果身体向前探上片刻，然后突然恢复到原来的坐姿，暗示着他不同意你刚才的说话。反之亦然：如果你刚刚以积极态度触到了他们极有兴趣的话题，他们很可能会向前探一下身子，不自觉地希望靠你更近些，以便听到更多类似的信息。

胳膊和手的信号

很多科学家都认为，正是手势使人成为更具有社会性的动物。研究认为，手势不仅能帮助听众更清楚地理解我们的口头言辞，而且也能帮助说话者更严密地表达想法。

抱臂。抱臂对自己来说是一个很惬意的动作，但在他人看来也是一种非常冷漠、阻隔和防卫性的动作（如果不是为了保持体温的话）。当你企图说服某人，而对方做出这种动作则表示：我在防着你！双臂交叉（即使做得无伤大雅）被认为是一种消极的姿势，客户可能会下意识地认为你对刚说过的话态度不开明，甚至认为你有怀有敌意的嫌疑。注意在工作场合不要有这个动作。

如果客户采取这种姿态，可以适当地多和客户目光接触，以让他知道你在关注他，然后给他递上某件物品（一支笔、一张纸、宣传说明材料等）并说“您看一下这个资料说明”；或者邀请客户参与你的商品演示。这样就能迫使客户放弃这种消极姿态，从而放弃这种对销售不利的防卫心理。

胳膊放两边。这种中性的动作让人觉得像树干一样硬邦邦的。双脚舒适地分开，胳膊吊在两旁，肘关节微曲，使自己保持一种放松的姿势。当客户觉得非常自信时，很容易看到他做这种动作。当把双臂放在身体两侧时，就透露出容易博得他人信任的稳健和匀称。

摊手。手掌朝上，指向天花板的动作，通常都表示恳求和直率。摊手动作告诉他人：我很诚实，我很柔弱，我求求你了。这是一种完美的方式，能使他人知道你并不保守，恰恰相反，你很开明、豁达，愿意听他们把话讲完。这是一种把自己“推销”给他人的方式。要注意有时候他人可能用这个动作来故意误导你。许多撒谎的人都知道这个姿势非常有用，当他人否认自己撒了谎时，把手一摊说：“请你相信我，我真的没有干。”他们可能将摊手与耸肩一起做，为保险起见，还要加上一副满不在乎的眼神。

如果想给客户留下强势和威严的印象，就尽量少用这个动作。

手心向下。手心向下是一种威严的支配性动作，表示左右和控制。当某人希望维护自己的权威，或者展示对某种局势有一定控制能力时，往往就用这个动作。想在某个场合证明自己的权威时，比如在推销会上谈论某种商品、发表演说或者需要强调观点以便听众理解时，手心向下的动作往往很管用。握手时也是这样，喜欢用高压手腕的人往往用手心向下的动作来影响他人。

把自己的困扰讲给领导或某个在场的权威人士听时，如果他说“不要慌”或“冷静”，同时辅以手心向下的动作，会让人觉得受到了奇耻大辱，反而大大降低了这种帮助或关心的亲和力。

手心向前。手心向前的动作主要是表示：打住。是想请听众倾听你说话，面对一群叽叽喳喳的听众抬起一只手，是一个明确的要求安静、有序的手势，听众能很快安静下来。甚至当你对着另一个人说话时，这个动作也管用。不过此时你的意思是让他们不要插嘴。通常情况下，双掌前推表示：停，听听我要说的内容。

这种动作还有阻止的意思。如果他人向你走来，而你的手掌朝他一推，就相当于在你设置了一道障碍，清晰地表明不想让他靠近。

大幅度挥手。强调某些观点时，大幅度挥手的动作最有效，但这个动作要和口头语言一致。如果有人做了个大幅度挥手的动作，然后又将双手拉回到胸前，则表示：都是我的事；或者：我会对此负责。大幅度挥手这个有力而果断的动作，能增强说话人对所提观点的激情水平，还体现了他刚才所讲事情的重要程度。与此相反的手势就是当某人双手一开始挨着身体，然后向前猛地挥开时，往往表示想将责任从自己身上推开。

劈砍。劈砍动作非常具有挑衅性，以至于几乎让人觉得是交谈的“最后通牒”。每个劈砍动作都在蹦出一个“关键词”，比如“我真没有干这种事！”如果用劲地做着砍动作，则是希望让他人知道：就当前这个话题来说，你比他人懂得多。

还有一种动作能达到同样的强调效果，但威胁性的感觉更小：让两只手的掌心都朝上，将常用的那只手移到另一只手掌的上方，然后将其拍击到一起，但不要像劈砍动作那样频繁使用。只在说到动词时才用这个手势加以强调。

食指指人。用食指指向对方是最具习惯性的动作之一。以手指人的动作更多是宣示自己的能力和权威，并带有攻击性。由于指出去的食指就像一杆枪，所以当以食指指向他人时，即使本身并无恶意，也让人觉得像在谴责或威胁。（如图 4–7 所示）

双手叉腰。做双手叉腰动作时，能使自己比本来的样子显得更强大、更占上风。如果某个权威人士做这个动作，那么站着双手叉腰表示他想保持优越感或者威胁他人。许多家长在碰到孩子行为失当时经常会这样做，以显示自己在孩子面前的权威，而孩子通常则会以同样的动作以分庭抗礼。尽管这个动作在地位低者身上很少看到，但在人极为恼怒和愤慨时，往往也会出现。

当把一只手放在腰上，尤其是还有一只脚伸出来的时候，会被人认为有点讥讽或轻浮，还有些怀疑的意味。但做这个动作的女士通常被认为意志坚定，并且显得有点趾高气扬或信心百倍。

和政府客户往来礼仪

商务礼仪培训中，常有营销人员问及怎样和政府客户打交道，包括很多国企营销人员也同样有这样的困惑。在现在的社会氛围中，和政府客户往来相比以前更讲究公事公办。我们要注意什么呢？

做好了解

赢得见面机会实属不易，我们营销人员理应珍惜，见面前多做

图 4-7 以食指指人极失礼

一些了解，让见面更有成效。应做好以下这些情况的了解。

提供的产品或服务是否符合国家政策、产业导向，跟市场形势以及政府目前的工作思路、重点安排是否相一致。如相悖，个人关系即使再好，工作也难展开。这些其实就是对于政府客户来说很在意的益处，必须了解并理清。

还有对自己产品或服务的了解，包括行业地位如何。

了解负责人或要见面的人，姓名、级别、个人简介资料。对于政府公职人员来说，个人简介资料很容易查到。知道对方简介，在交流中就可以主动营造出很多让对方倍感亲切的话题。

了解最新的国家相关规定并严格遵守。比如国家对接待公职人员的迎送、食宿等的规定。接待政府客户如不管这些，这是把他们往沟里带，不一定受欢迎。谁希望自己的仕途毁在这些小事上呢?

注意尊重

鉴于几千年的“官老爷”思想，很多营销人员对于政府官员往往有一种敬畏心理，把政府官员看得高高在上。

有些营销人员认为守住“一把手”就万事大吉，于是唯此是尊，漠视其他人。“铁打的营盘流水的兵”，政府官员职位常有变动。如果眼里只有“一把手”，就容易种下不利因素。当“一把手”调离时，总有“新一把手”空降或从原部门提拔，不管怎样都对你不利。“现官不如现管”，只有对接触的各层人员保持起码的善意、尊重，即对“拍板者”、执行者，都予以重视，才能防止“中梗阻”，顺畅达到预想目标。而他们就是那些具体做事者，也许是“二把手”“三把手”，或是一个处长，甚至一个科长。

尊重，还体现在平时的往来中，针对不同级别政府公职人员，应有不同的礼宾次序，包括但不仅限于座位及握手、介绍、餐桌敬酒等。务必维护他们的面子，不应有让他们难堪的事情发生。让他人没“面子”，可能其会在某个关键时刻让你没“里子”。

和他们交往，就像和任何一位职场人交往一样，同样应尊重他们的作息时间。非要赶在即将下班的时候找人家谈事、办事，换成谁都容易有意见，虽然不一定表现出来，但可能心里就觉得你并不尊重他，从而可能不利于双方的长期交往。

产品＋人品

政府客户也是客户。所以必须是能提供过硬的、性价比高的产品或服务。

客户都是挑剔的，尤其是政府客户。他们更认可强者，需要最具性价比的、品质稳定可靠的商品或服务，而非只认低价或私人情面。毕竟面对现在严格的问责制度，他们要对国家、自己的公职身份和前途负责。

接触的越是高层领导，越应该体现出产品的独到优势以及对他们眼前和长远所负责工作的帮助、推动，这是他们所感兴趣的。

所以要让政府客户了解到你的单位、商品或服务的优势，这是最重要的。不要妄图以次充好加暗箱操作来获得特殊利益。

也要拼人品。人品好，意味着合作靠谱。在经常接触中，如认可营销人员的人品，那么工作也会更顺一些。包括说话严谨，行为守时，以及诚信、礼貌、谦虚等。还有能和对方谈得来，而不是一味吹捧，同样也可以赚得人品分。

注意技巧

需要谦虚但必须首先自信，而不是唯唯诺诺，让人怀疑你的能力或产品质量。政府客户首先是客户，既然和客户交往，就必须对自己的产品有自信，一切以实力为先。

越是和高层领导交往，越要注意沟通把握好重点，而且是有足够吸引力的重点。毕竟越是高层越忙，不可能听那些无足轻重的介绍，那样也容易认为你不分轻重，无视他的宝贵时间，或认为产品或服务没什么可说的。而且并不意味着只准备重点就行了。可以列一个大纲式的重点说明，同时附有各个重点的详细说明。以便有备无患，当对方又想了解详细情况时，如果你偏偏没准备，就显得不好了。

和政府客户交往时，注意不要操之过急。现在政府效能大大提升，但就算是简单易办的事，也是要由经办人员按流程操办，这就需要时间。

最好有书面材料。比如产品或服务的介绍，依据、方案，相关的或同类型的案例，因为政府部门更习惯于书面性的材料。有书面材料也更容易引起重视，方便申报。如果只是口头说，则容易被遗忘。而且书面材料最好按照政府机关的行文要求来排版、装订。

处处体现负责和担当

在和客户往来中，我们当然希望能借此拉近双方的关系，赢得合作的机会。从客户角度来说，他们通过交往，希望找到靠谱的合作伙伴。所以，我们在和客户往来中，应该努力塑造出负责任的靠谱形象。

不管是因公还是成朋友之后的私下交往中，都不要迟到。只要说出去的话就坚决做到，哪怕是小得不能再小的事。这些都是在存储自己的良好形象和信誉。

遇到问题首先从我们自己的角度来考虑，不要首先想到是客户的问题，虽然可能真是如此，但在客户眼里，自己不会有错。所以即使归责于客户，受伤害的只能是我们自己，从而失去客户。

绝不负面评论他人，特别是同行业。不要自作聪明地以为用这种方式就能赢得客户信任，要知道你的同行或许和你的想法一样。当然也不负面评论包括客户同事、自己的同事，即使客户开了头，也不可以跟着说。

提供产品或服务后，让客户看到你有负责到底的担当。即使销售完成，转由售后或其他部门负责时，但客户可能和你更熟悉，作为你来说也应继续保持这种熟悉，呵护这份信任。有事积极从中协调、联络，毕竟自己更熟悉本单位的流程，从中协调也会使问题解决得更快，最重要的是让客户看到了你的态度。

因产品或服务发生的问题，勇敢担起责任，不推托，不让客户吃亏。除要体现在口头上，更要体现在行动中。

对客户认真、负责，不放过任何一件小事。比如发货或文件，算好客户是否能按时收到。如果是异地发货、发的是高价值的物品时，应主动适时向客户汇报物流进度。不要等到客户主动问，还以“不清楚”“您自己查查”等话来淡然应对，那就让人失望了。

失败后积极行动

严霜带来了银发，也带来了金秋；不幸带来了痛苦，也带来了升华。

营销工作中遭遇挫败是不幸的，但这不可避免。遭遇挫败后，营销人员该怎么做呢?

总结失败原因

善于总结的人，才会成功率越来越高。客观、理性地分析整个销售过程，找出可能的失败原因，不管是客户的、自己的或产品的原因。特别是已经明确获得客户反馈的失败原因更要重视。然后逐一改进，不断提升自己的营销技能。

客户总是对的

营销人员输了订单时应该具有认赌服输的精神，没有必要指责客户是不是公平。销售选择是双向的，竞争是残酷的，客户有权根据自己的需求、需要，从本单位的利益及个人喜好出发做出选择。所以这样的选择对他们来说总是对的。即使营销人员觉得对自己不公平但并不表示这个采购就真的不公平。

可能是商品质量、性能、颜色、体积、包装、价格、售后服务情况，或者是营销人员的个人形象或素质等，任何一个不起眼的影响，都有可能让客户选择其他家。

立即拜访客户

“胜负乃兵家常事”，销售也一样，没有从来不输的营销人员。如果营销人员做了很多让客户认可的工作，最终还是丢了订单，这时客户或许会觉得有负于这个营销人员。如果继续努力，营销人员将商品销售给客户的机会反而会因以前的失败而大增，这个时候放弃客户是不明智的。这就像农民开垦出了一片荒地，播种的季节已经过去，农民不会放弃这块耕耘好的土地，当时节来到的时候就可以重新耕种进行收获了。输了订单后，营销人员可以再次拜访客户，请教失利的原因，并表示以后还是希望有机会向客户提供服务，进行愉快的合作。

为什么立即拜访客户呢？因为客户的人情味。中国人比西方人有人情味，西方人往往考虑的是制度，中国人更看重人与人之间的感情。在国内，几乎每个客户采购时都不会只买一家的商品，他们往往选择几家供应商。哪家表现好，客户就多采购一些。所以只要营销人员对自己的商品有信心，输了也没有关系。从哪里跌倒就从哪里爬起来，最终会得到客户的青睐。

关注下一个客户

在大多数情况下，营销人员在做好失败客户回访的时候，需要重新去联系下一个客户。销售工作失败有一定的概率，成功也有一定的概率，有失败才有成功。所以要放下思想包袱，全力联系下一个客户。

签约仪式礼仪

要签约，当然是值得庆贺的。签约仪式是庄重、严肃的仪式，营销人员一方应当按照签约仪式礼仪要求，表达出己方严谨、认真、专业的态度和形象。

流程了解

签字仪式时间跨度不长，但程序规范、气氛庄重而热烈，正式流程一般有六项。

一是礼节性会见，各方代表在会议室就座，进行礼节性会见、寒暄，时间要短，不谈实质内容。

二是主持人宣布开始，有关各方进入签字厅，在既定的位次上各就各位，主持人以先客后主、由职务高到职务低为顺序介绍各方嘉宾。

三是致辞，主持人请各方领导致辞。双边签字时，则先主后客，多边签字时则按签字顺序致辞。双方或者多方致辞这个程序也可以省略。

四是正式签署合同，一般先签署己方保存的合同文本，交换后接着签署他方保存的合同文本，签完后换回己方的。

五是交换合同文本后，大家各举一杯香槟酒互相道贺，这是国际上通行的做法。

六是对外发布，对于重大、有影响或有新闻价值的签字仪式，条件许可时，签字仪式后可以举行新闻发布会。

准备工作

没有专用签字厅时，可以用会议厅、会客室来代替。签字厅内满铺地毯，除必要的签字用桌椅外，其他陈设都不要。正规签字桌是长桌，桌上铺深绿色台呢。

按照仪式礼仪惯例，签字桌横放室内。签字桌后面，可放两张座椅，供签字人就座。签署多边合同时，一般仅放一张座椅，供各方签字人签字时轮流就座；也可以给每位签字人都提供一张座椅。签字人一般面对正门就座。

具体签字桌摆放方式、签字人员及随行人员座次安排。（如图4–8 所示）

签字桌放好待签合同文本及签字笔。合同文本用白纸印成，用

主席式签字仪式排座

相对式签字仪式排座

并列式签字仪式排座

图 4-8　签字仪式座位安排有讲究

高档质料如真皮、金属、软木等作为封面。

签字桌正后方挂上“××签字仪式”字样的装饰、条幅或电子条幅，上面标明签字各方名称。

和外商签署涉外合同时，还要在签字桌插放各方国旗。插放国旗时，按照礼宾序列而行。例如，签署双边涉外合同时，有关各方的国旗须插放在该方签字人座椅的正前方。

签约仪式涉及营销人员的切身利益，自己应该最上心。除了以上准备工作应了解，还要注意合同的内容，必须提前参与把关，避免出现问题，不要在仪式现场让客户发现问题，那就丢人丢到家了。

注意服饰

签字仪式是非常正式的商务活动。所以，签字人、助签人以及随员出席签字仪式时，男士应当穿深色西装套装或中山装套装，深色皮鞋。穿西装就必须系上单色领带，配白色衬衫。

签字仪式上的礼仪人员、接待人员，可以穿自己的工作制服，女性礼仪人员、接待人员也可以穿着旗袍一类的礼仪性服装。

人员安排

签字人是签字仪式上的主角。各方签字人必须具有代表一个组织的法定资格，或者由法人代表所委托的人员签字。委托签字时必须出示法人代表亲笔签署的委托书。各方签字人的职务和身份应一致或大致相当。所以各方担任签字人的身份，应事先通报对方。为了表示对签字的重视和庆贺，签字各方也可以派出职务较高的领导参加签字仪式，但也应当注意身份大体相等。致词人，一般由签字各方职务最高的领导担任，有时也可以安排上级机关或协调机构的代表致贺词。如果签字仪式中安排有致辞、祝酒等环节，应当由主持人介绍致词人的身份，主持人由主办方派有一定身份、形象好、语言表达能力强、善于应变者担任。还有见证人，主要是参加会谈的人员，各方人数应当大致相等，也可以邀请协调人、律师、公证人员参加。还需要安排助签人，助签人在签字过程中负责帮助签字人翻揭文本、指明签字之处、互换文本等工作。双方各安排一位助签人就可以了。隆重的签字仪式上，还应安排礼仪人员，以便在签字仪式正式开始之前引导双方进入签字厅，签字结束后端上香槟酒。礼仪人员由年轻、相貌良好的女性担任。

现场举止

签署双边合同时，请客方签字人在签字桌右侧就座，主方签字人就座于签字桌左侧。双方助签人分别站在各方签字人外侧，以便随时提供协助。双方其他随员，按照一定顺序在己方签字人的正对面就座；也可以根据职务高低，依次从左到右（客方）或从右到左（主方）地列成一行，站在己方签字人身后。一行站不完时按照以上顺序并遵照“前高后低”惯例，排成多行。

签署多边合同时，各方签字人签字时依照各方事先约定的顺序，依次上前签字。各方助签人随之一同行动。助签时根据“右高左低”的惯例，助签人站在己方签字人左侧。各方随员按一定顺序面对签字桌就座或站立。

按惯例，由己方保留的合同文本上，己方签字的名字应列在第一位。所以，每个签字人都应先签署己方保存的合同文本，然后再交由他方签字。

由助签人员翻开合同夹，指明合同签字的位置，签字人在文本上签字。无论是当时交换签署，还是签字结束后交换由己方保存的合同文本，都由各方助签人互相传递合同文本。签字结束后，各方签字人包括助签人都应热烈鼓掌，互致祝贺。主签人相互握手，以示庆贺；还可以相互交换签字笔，以示纪念。

这时双方可以共饮香槟酒互相道贺。这时的饮用应是小口品尝，即使碰杯也是如此。

安排致辞时，则可以在签字桌的右侧放置发言席或落地式话筒。

现场致辞。签字仪式上主办方或来宾的致辞不是必需项。如果致辞，一般由双方首席代表或者发言人，以及被邀请参加签字仪式的其他重要来宾发言。致辞应简单、明了，内容分成三部分，首先有对在座人员的称呼，再说明这是什么签字仪式，最后表达祝愿和祝福。时间控制在两三分钟左右。

小提示大道理

在和客户往来中，务必要塑造一个诚信、担当的良好形象。而守时不迟到，就是最基本的表现之一。不管是在客户单位会面还是私下社交，都不应该迟到，不管是什么理由。

第五课

商务沟通技巧

THE
FIFTH LESSON

他山之石

一位女士买鞋。她在一家鞋店试穿了很多双鞋都没有找到合脚的。店员说："太太，您没找到合适的鞋，是因为您的一只脚比另一只脚大。"这位女士听后很生气，立即走出这家鞋店，没买任何东西。

她来到另一家鞋店，这位女士在试穿时遇到了同样的困难。而这家店员却笑眯眯地解释："女士，您知道吗？您的一只脚比另一只脚要小一些。"这位女士听了非常高兴，一口气买了三双鞋。

不管销售什么样的商品或服务，都需要和客户沟通。怎样说话才能获得客户的好感和共鸣，是事关营销成功与否的关键因素。

营销人员不可能人人做到“妙语连珠”“口吐莲花”，但经过学习、训练，完全可以有效提升沟通技巧，从而利于自己的客户交往和营销工作。

沟通注意针对性

沟通对营销人员的重要性不言而喻。最好的沟通应是有针对性的，所谓到什么山唱什么歌，见什么人说什么话，从而达到“言为心声，语为人镜”的积极效果。

沟通因人而异

这可能是商务沟通中最需要注意的内容了。不同的人，有不同的教育背景、成长环境、性格喜好、交际圈。沟通因人而异，无疑会有更好效果，而不是和所有人的沟通都死守固定套路。

这就需要对对方有提前了解或见面后的现场判断，并不断调整。当对方是个特别严谨的人，我们的沟通就应杜绝“或许”“大概”这样的话；对方是老总，少在旁枝末节上转悠，对方兴趣点不在这儿；对方问了几个问题，那么沟通应围绕其所问展开；对方很忙，沟通应是直奔主题式，并适当留一点悬念待下次再继续；脾气暴躁的人，往往直来直去，或许语气让人不舒服，但并不表示对方真的不礼貌。围绕对方关注点来沟通，不啰唆，同时避免模棱两可的话，多一点耐心；与话少的人沟通，语速不要快，过程中注意停顿，多一点微笑眼神关注对方，且多以请教的方式“对吧”“您觉得怎么样”等，以引导对方参与；对于表达欲望强的人，适当多一点倾听，表达出自己的积极倾听的姿势，在对方一句话说完并暂停时，自己再表达，以“是啊……我有同感……我的看法是……我是这么想的……”等开头。有时破坏人际关系就是一句话的事，而维护和谐关系却需要花费很大代价。

注意沟通场景

会场上。只说和会议主题相关的内容，要求精练，即使适当引申，也必须注意时间长度要求，引申只为说明主题。同时会场上不应直接否定他人意见，即使再不对，也应保持基本礼貌，至少先一定程度上肯定再间接否定。

汇报工作时。事先做好事项梳理，根据汇报主题有条理地分列开；对于还不清楚的就提前做好调研，不可以把问题留给对方。汇报时做到简明扼要，旁枝末节没必要在汇报中提。而当上司正忙，即使让你汇报，也应注意做到提纲挈领式地汇报各项重点。汇报中，报喜的同时也不避忧。

有第三方在场的沟通。这时同事间必须注意相互圆场，不可以相互说气话、带刺话、拆台的话而产生难堪。同事明显有情绪时，说话应注意语气，无关紧要的事情可以先不沟通。即使对方说话带着情绪，这时也没必要计较，而要以大局为重。

一对多沟通时。这种沟通场景下，注意找到对方的意见领袖，即哪一位提出关键问题、主导话题？哪一位身份最高？这样的人应是这个场景下的主要沟通对象，同时兼顾其他人。不必想与对方每一位都沟通得一样好，没必要也不实际。

双方多人沟通时。这时不仅是双方主要代表之间的沟通，其他人也有参与的责任。特别是发生冷场，其他人有救场的责任；沟通中其他人应该积极配合，比如微笑环视对方，不时点头。当己方说的内容不全，再适机补充。不插话、不打断他人说话。

沟通发生冷场时。这时候要避免的是不能长时间沉默。可以提议先休息一会儿再继续。或者开个适当玩笑，大家放松心情，也就能继续开始了。或者建议先探讨后面的话题，等大家都放松时再转回这个话题。也可以借用寒暄的内容和方式，聊一会儿其他内容。到了用餐时间正好可以说：大家都累了饿了，用餐、休息后再继续。

沟通遭到误解时。这些情况都是经常遇到的事，谁都不是圣人，不可能对每一次沟通的内容都能及时了解，或许是主观原因，又或许是客观原因。作为主动沟通者，实在没有必要报之以“摔门”“甩脸”，而是需要理性、礼貌对待，表现出你的专业和素养就好了。

注意语言技巧

知道对方的姓氏、职务，沟通中要随时运用，不时称呼，既表达一种尊重，又在潜意识里使对方集中注意力。

注意措辞委婉、贴切、得体，尽可能把“硬邦邦”、不中听的话，说得委婉得体、中听，所谓“良言一句三冬暖”。比如在建议、要求或者有求于人时，应该多用祈使的语气，让对方从情感上、心理上觉得他是重要的、占主动地位的，如“明天下午材料发给你”和“材料我们最迟明天下午就发给您，好吗”这两句话基本意思一样，但从感情色彩、心理接受度上却完全不同。

注意措辞、语气，学会换位思考，避免说容易让人误解的话。所谓“话里有话，弦外有音”。造成他人的误读，可能是措辞不当，说了不该说的；也可能是举例不当，论证有明显漏洞；甚至是语气和语调不当，同样也能有截然不同的意思。最简单的避免方式，是慎重批评第三方；赞扬第三方时也要注意，对方在这方面是否做得一样好，或和他没有任何关联，否则也要慎重赞扬。

某演员获得2015第十届首尔电视节亚洲之星演员奖。其在发表获奖感言时说：“作为一个中国内地的演员，我觉得文化的交流比奖项更为重要，有一句古话，师夷长技以制夷，我希望中国的电视剧文化能够引领亚洲。”一句“师夷长技以制夷”引发争议。大多数网友认为去别人地盘说“制夷”很不合适，显得“没文化”“不礼貌”。

多听对方说。管住嘴，多听少说，是沟通之道。让对方多说，是在满足对方的倾诉欲望，也能在听的过程中发现更多信息，同时也能减少自己的口误，特别是对当前话题不太有把握，不太了解时。

适当寒暄有效开场

物以类聚，人以情投。当营销人员和客户见面，特别是第一次见面时，往往就需要通过和客户的寒暄，达到让客户放松戒备心理的作用，从而形成良好的沟通氛围。

寒暄度的把握

是不是需要和客户寒暄，要看客户是不是很忙。如果客户真的很忙，就一定要言简意赅地表述来意和客户所需要知道的信息，然后和客户道别并留下再次拜访的伏笔。如果客户时间安排得很紧，只留了20分钟和你面谈，你却在寒暄上花了10分钟，就鉴于你这种对事件轻重不分的把握能力，客户也难以对你有好印象。

内容选择

贝尔纳·拉迪埃刚到空中客车公司时，面临的第一项挑战就是向印度销售飞机。这笔交易已由印度政府初审，还没被批准。接待他的是印度航空公司的主席拉尔少将。拉迪埃到印度后，见到他的谈判对手后说的第一句话是："正因为您，使我有机会在我生日这一天又回到了我的出生地，谢谢您！"

这个开场白一下子拉近了拉迪埃和拉尔少将的距离。不用说，拉迪埃的印度之行取得了成功。仅在1979年，他就创纪录地销售出230架飞机，价值420亿法郎。这当中，应该说也少不了他善于寒暄的功劳。

寒暄的内容可以是多方面的，应尽量把客户引到感兴趣的话题上去。最常用的是问客户的家乡是哪里的，有什么风土人情，客户是否经常旅游，这些过程中的见闻，以及客户的爱好，等等。

客户个人爱好。从客户的个人爱好入手，能有助于迅速产生共鸣的话题，消除彼此间的陌生感，产生亲切感，拉近与客户的距离。比如看到阳台上有很多盆景，可以问："您对盆景感兴趣？假日花市正在开兰花展，不知道您去看过没有？"看到的高尔夫球具、溜冰鞋、钓竿、围棋或象棋等，都可以拿来作为话题。

天气。天气对于生活的影响太大了，天气很好，不妨同声赞美；天气太热，也不妨交换一下彼此的苦恼；如果有什么台风、暴雨或是季节性流行病的消息，更值得拿出来谈谈，因为那是人人都关心的话题。

对方经历。如果知道对方正面的经历，比如出身行伍。军营是会给人留下太多难忘经历的地方，对方有这样的经历，完全可以提出来聊几句。

对方家乡、毕业于哪所名校、工作过的城市，如提前知道的话，

都可以聊几句。所在家乡、工作过的城市，都寄托了一定情感，容易引起某种美好情思。（如图 5–1 所示）

社会话题。轰动一时的社会新闻也是闲谈的资料，但不宜讨论桃色、八卦新闻。假使你有一些特有的新闻或特殊的意见和看法，那足可以把一批听众吸引在你的周围。这就要求营销人员不只专注于所销售的商品及所处的领域，而要把眼界放宽。

当然，寒暄也可以另辟蹊径。比如夸奖客户方的办公环境，或夸客户方接待人员的良好素质。

寒暄注意事项

寒暄时选择合适的方式、合适的语句是非常必要的，但这合适的方式、语句的表示，还有赖于主动热情、诚实友善的态度。只有把这三者有机地结合起来，寒暄的目的才能达到。试想，当他人用冷冰冰的态度对你说“我很高兴见到你”时，你会有一种什么样的感觉？当他人用不屑一顾的态度夸奖你“我发现你很精明能干”时，你又会做何感想？推己及人，我们寒暄时不能不注意态度。

做任何事情都应有个“度”，寒暄也不例外。恰当适度的寒暄有益于打开谈话的局面，但切忌没完没了，时间过长。有经验的营销人员，总是善于从寒暄中找到契机，因势利导，言归正传。

寒暄过程中涉及客户隐私的话题绝对不能提，除非客户主动告诉你。这些涉及隐私的话题有收入、家庭、婚姻等等。

图 5-1　经历是不错的沟通话题

幽默原来也有技巧

美国麦克阿瑟将军为他儿子所写的祈祷文中，除求神赐给他儿子“坚强勇敢、心地善良、认清事实、接受磨炼”等外，还祈求上苍给他“充分的幽默感”。

幽默本质上是一种自信，更是心态的放松、智慧的表现。一个懂得幽默的营销人员，能让自己更有深度，在尴尬中显得镇静，欢乐时显得含蓄，讽刺时不失礼数。

幽默的方法

幽默需要有知识储备为基础，同时需要借助一定方法。我们介绍几种常用方法供大家借鉴。

用双关法。双关，就是用中国语言中同音字多的特点来表达的。同一个音节可以表示不同的词，而同一个词也可以表示不同的意义，利用这种词的同音或多义的条件，使一句话同时带有字面意思和字外意思，就是双关。这种方法使用频率非常高。

用曲解法。就是故意歪曲对方话语或事物的本义，或者故意装聋听不清而回答，或者根据对方说话的不严谨来回答非本义的内容，就是曲解。它常常利用语词的多义、同形、谐音、同音等条件来构成。

刘主任陪客户吃饭。他们在餐厅等了很久，看到其他桌的客人吃得津津有味，只有他们一直没人理睬。刘主任便举手示意，服务员过来后，他问："对不起！请问，刚才是不是把我们安排到观众席来了？"服务员赶紧表示歉意，很快就给他们上了菜。

用岔断法。一般情况下，我们根据1后面有2，2后面有3，于是就习惯性地推断3后面有4，但这时却突然发生变化，3后面没有出现4，而是出现了与之不同但又有关联的A，使人们的心理期待突然扑了空。这就是根据语言的逻辑不按常规发展而突然中断，出现一个出人意料的结果，于是大家在笑声中恍然大悟。

喜剧演员小沈阳关于比枪法的表演，就是用岔断法达到了喜剧效果。ABC三人比枪法，A在一人头上放了颗葡萄，枪声过后，葡萄被打得稀巴烂，A镇静地吹一下枪口说："I'm佐罗。"B在那人头上放了个苹果，枪声过后B把苹果打了稀巴烂，他也镇静地吹一下枪口说："I'm邦德。"C放了个西瓜在那人头上，瞄了一小时后，只听啪一声枪响，那人脑袋被打烂，C镇静地吹一下枪口说："I'm sorry！"

用反语法。正话反说，或反话正说，用和词语本义相反的话来表达本义的方法。其特点是：说话时表面是一种意思，而实际所要表达的却是另外一种完全相反的意思。

用夸张法。主要是指语言上的夸张，达到让人觉得好笑的结果。在喜剧影视作品以及相声作品中，经常喜欢用语言上的夸张法，以达到幽默效果。

教授："为了更确切地讲解青蛙的解剖，我给你们看两只解剖好的青蛙，请大家仔细观察。"

学生："教授，这是两块三明治面包和一只鸡蛋。"

教授故作惊讶："我可以肯定，我已经吃过早餐了。但是那两只解剖好的青蛙呢？"

用讳言回答法。营销工作中，难免会遇到一些难以回答或不愿回答的问题，但出言不逊或无言以对，又会有损形象，于是借用讳言表达，既幽默风趣，又得体有效。

在一次记者招待会上，一名记者问时任美国总统的罗斯福一个保密的问题，总统听了之后就问记者："能不能给我保密？"记者以为罗斯福要告诉他，立即回答："能！"罗斯福马上慢条斯理地说："那我也能保密。"

用寓庄于谐法。用诙谐幽默的语言来说明事理，使人在轻松和愉悦中感受深刻的内涵。寓庄于谐的方法很多，可以用修辞学上的对比、双关、比喻、借代等，也可以用颠倒逻辑的方法叙述某件事情，或者故意用似是而非的非理性形式表达出一种深思熟虑的理性内容。

“哎呀！”

“怎么了？”

“我手抓到仙人掌了！”

“怎么这么不小心呢？”

“我只是想试试仙人掌的刺……真的扎人呢！”

幽默的技巧有很多。可以多看幽默的故事、喜剧片，从中找灵感。

幽默注意事项

幽默需要适度。不当的幽默那不是幽默，而是嬉皮笑脸、油嘴滑舌，让人感觉不靠谱。那要注意什么呢？

内容要高雅。幽默的内容体现了幽默者的思想情趣和文化修养。学会幽默，不是以说黄段子为能。如果幽默内容粗俗或不雅，即使也能博人一笑，但过后就容易让人感到乏味无聊甚至反感。只有内容健康、格调高雅的幽默，才能给人以启迪和精神享受，而且也是对自己美好形象的成功塑造。

态度要友善。幽默的过程，是情感互相交流传递的过程。那种对他人冷嘲热讽、发泄内心厌恶和不满情感的，不能称为幽默。也许有些人不如你口齿伶俐，这时你表面上占了上风，但面对这样的“幽默”留给他人的只能是你不讲情面、吹毛求疵的印象。所以幽默要从友善的角度出发，既调节了气氛，又体现出风度和善意。

英国戏剧家萧伯纳堪称幽默大师。一天，年迈的萧伯纳在街头被一辆自行车撞倒，虽然没有发生可怕事故，毕竟这一惊非同小可。骑车者立即扶起萧伯纳，并诚恳道歉。萧伯纳却打断他的话说："不，先生，你比我更不幸。要是你再加点劲，那就可以作为撞死萧伯纳的好汉而垂名青史啦！"萧伯纳这句友善的戏言，使本来紧张的气氛顿时消失了。

要注意场合。在非常庄重、严肃的场合，幽默一定要注意分寸，否则会引起他人的反感甚至招来麻烦。

美国总统里根一次在国会开会前，为了试试麦克风是否好用，张口便道："先生女士们请注意，五分钟之后，我们将对苏联进行轰炸。"一语既出，众皆哗然。显然，里根在不恰当的场合和时间里，开了一个极为荒唐的玩笑。

因人而异。有些人因为身份、性格或当时的心情原因，对幽默的承受力也不同。同样的幽默内容，两个人可能会有截然不同的反应。一般来说，晚辈对长辈、下属对上司、男士对女士，要慎重使用幽默。即使同辈之间，如果对方性格内向，喜欢琢磨言外之意，幽默也要慎重。或者即使平时性格开朗，但恰好碰上不愉快的事，也不能随便与之幽默。

把握"度"。选取幽默素材一定要恰当，不能用低俗的笑料、恶意的模仿、嘲笑弱者、负面的角度来表达你的幽默感。和商务伙伴之间，一定要注意避免有关女性、宗教、种族、政治、男女关系、对方所在行业不光明的前景及其他可能会引起他人不快的素材。不要让客户感觉你是一个油嘴滑舌、不靠谱的人。

赞美：戴高帽别离谱

我经常向学员推荐“赞美法则”，这确实是行之有效的交际艺术。当我们拿花送给他人，首先闻到花香的是我们自己。适当的赞美，是对他人的欣赏、认可、鼓励、信任，更是展示了自己良好的修养。人们都习惯性地看到自己的优点、他人的不足。赞美，其实是以一种对待自己的心态来和他人交往，这就是职场中的“知己”。商务往来中，面对这样对人如己者，回报的必然是真诚和友善。你怎样对待他人，他人就怎样对待你，这是黄金定律。

美国哲学家、心理学家威廉·詹姆斯认为：人类本性上最深的企图之一是期望被赞美、钦佩、尊重。和客户交往中，恰当地送上赞美、给他人戴上一顶“高帽子”，能有效地缩短双方心理和情感上的距离感，从而获得好人缘。这是正确处理人际关系的一条黄金法则。

《西游记》中，经常有施主说唐僧三个徒弟“相貌丑陋”。每当这时，调皮的孙悟空甚至上去再抓耳搔腮地吓唬一番。而当取经回来，见到唐朝皇帝时，皇帝则说“三个高徒，相貌不凡”，于是相谈甚欢。（如图 5–2 所示）

试想，如果对客户说“我们的这项性能是最新的，我还谈不上多熟悉，您都知道了”，他会怎么想？会觉得你不值得交往？还是觉得你认可他的能力，觉得他是内行？这样精致的赞美，必然会拉近双方的距离。而当着他人的面赞美客户“这位就是我和你提过的××，他可是这方面名副其实的专业人士……”不言而喻，你们的交往肯定是愉快的。

可见，赞美确实是一门学问，是正确处理人际关系的一条重要而实用的法则。

然而，戴“高帽”也不是轻而易举的事。怎样赞美才不会被认为是阿谀、谄媚呢？

赞美应有依据。不实的赞美等于用伪币行贿，而真诚赞美才是无本的投资，存的人情账户。如果无根无据、虚情假意地赞美，不仅让人觉得莫名其妙，更会觉得你油嘴滑舌、诡诈虚伪。客户是一位有明显相貌缺陷的女士，偏要夸她“真漂亮”；而如果着眼于她的服饰、谈吐、举止，发现她这些方面的出众之处并赞美，她一定会欣然接受。

赞美应有独到之处。赞美是人们经常使用的，针对某个特定的人，可能有些赞美是他常听到的。这些赞美往往针对他最突出、最

图 5-2　赞美是黄金交际法则

明显的特点，如看起来很年轻、相貌漂亮 / 帅气等。这些赞美之辞对他而言可能习以为常，再听到同样的赞美效果自然一般。如果想把赞美效果推向极致，就应尽可能使赞美新颖些，和对方经常听到的有所不同。比如赞美对方容貌，不如赞美对方的能力和品质显得有深度。

一个人性格是不好改变的，在自己看来是独一无二、完美且我行我素的。我们可以将此作为赞美的内容。夸奖内向的客户可以说："您性格很稳重，考虑事情有深度，处理问题有力度，为人有风度。这一点我真要向您多多学习呢。"而夸奖性格外向的，则可以说："您很热情，您真爽快。和您交流很愉快。"这样的赞美，同样也是有独到之处，且少有人注意到赞美这些特点。

赞美选准时机适可而止。一段时间内，对同一个人的赞美次数越多，其效果也逐渐递减。如果不停赞美，只会让人觉得肉麻，难免会被误解为献媚。也就是说，要慎重赞美、注意频率。

赞美要具体细致。抽象的东西往往不具体，难以给人留下深刻印象。称赞一个初次见面的人"你给我们的印象真好"或者"您真专业"，这样的话多少有敷衍、客套话的感觉，因为这个内容说谁都可以；但如果称赞"在如此短的时间内就做出了这么详细的方案，还有细节说明，真够专业"，这样挖掘出对方确实存在的优点，自然能增加对方的价值感和自豪感，无疑更会对你产生好印象，认为不仅友好，而且很关注他，同样也会认可你观察得细致和见解得到位。

间接赞美效果好。也就是在背后称赞人，通过其他人不经意地传过去。这种赞美让人觉得很真诚、真实。

电影《钓鱼迷日记 15》中，铃木建设社长铃木老先生去职员鲤鱼太郎家串门，看到他在写经营咨询专家让填写的“职业计划”答卷。铃木不屑地说：“那种东西怎么写都行。”还说经营咨询是：“靠吃别人公司生活的一群坏家伙。”交谈中，当鲤鱼太郎提到自己无意中碰到“坏家伙之一”的早川小姐时说：“早川小姐说您是位合格的经营者……说在泡沫经济的时候铃木先生怎样救了铃木建设，还说铃木先生是他所见过最优秀的社长之一……”一席话，铃木已转过身子孩子般偷偷地笑了。而当鲤鱼太郎说早川讲得太夸张时，铃木马上严肃地说：“没有的事！我一直认为她是一位拥有敏锐眼光的人才。”临走时郑重要求：“这个答卷哪，你要好好填写！”可见，本来对经营咨询者非常反感的社长，在听到间接送来的赞美时，态度马上来了个 180° 的大转弯。这就是间接赞美的魅力。

间接赞美，也包括借用第三者的口吻。比如以“第三者”的口吻来赞美对方，说：“难怪 ×× 一直说您在本领域相当专业，今天一见……”可想而知，对方当然非常高兴。（如图 5-3 所示）

图 5-3　间接赞美效果好

和不同客户沟通技巧

营销人员会面临着各种各样的客户，有针对性地沟通，才能获得更好的交往效果。

沉默型客户

这种客户喜欢沉默，即使营销人员说得再多、再好听，他都很少说话。通常神情漠然地看着你，紧闭着嘴。营销人员既无法从他的表情里找到一点启示，更别想从他嘴里套出什么。使人觉得自己的叙述在他的冷漠面前显得苍白无力，感觉就像一个人在唱独角戏。展示商品的时候，他一言不发，似乎在等营销人员说完后知趣地走开似的。即使非常热情地询问他的其他情况，他仍一言不发。对于营销人员的赞美也不理会，最多是简单地笑笑。

通常这种客户不一定真的讨厌营销人员，可能是出于对营销人员的谨慎和防范，怕自己说多了被营销人员抓住了自己的心理并被引导上“贼船”。可他们又对自己没有太大信心，所以只好采取消极的、闭而不答的方法来回避，心想：“我不答话你说完了总没办法了吧，等你说完了我自己会考虑买不买……”

也有可能就是他正在思考其他的事情，或性格原因不喜欢多话。

当然，最不希望的可能就是他真的不喜欢这位营销人员，想把营销人员“气”走。他想通过低调的不理睬使营销人员“识趣地离开”。这也许是营销人员给客户留下了糟糕的第一印象。或者营销人员去的时间非常不凑巧，比如他正在处理自己的私人事情，这个时候营销人员就成了“极不受欢迎的人”。所以他就采取比较“含蓄”的方式表示拒绝。

对于营销人员来说这类客户是最难应付的，因为这类客户的行为根源很多，而客户却有可能隐瞒，很难区分真正的原因。所以营销人员要有极大的耐心和良好的心态。必须仔细观察，通过他的表情态度，以及拒绝的理由来分析判断，选择适当的方式来处理。采用“试探”的方法，变换话题，或谈话方式，尽可能吸引客户让客户开口是关键。

这种情况下的沟通，应避免过于啰唆，但要介绍到位，少一些主观方面的广告式宣传，说客观有数据、同行类比支持的优点、特点。保持应有的风度、礼貌，不要被客户的沉默乱了分寸，既然让你介绍而不是马上被打断，说明至少有点兴趣。

如果没有有效的办法让客户开口说话，可以表示出对客户可能忙的猜测，并表示出你要告辞，在离开之前要潇洒地留下自己的联系方式和相关资料，并取出笔记本寻求客户的意见，而这时候客户通常以为营销人员要离开了，就放松了自我防范，在说意见的同时也就会说出他为什么闭口不言的真正目的。而正是这个机会可能就会成为营销人员以退为攻的突破口。

即使这次真没有机会，也要极力给客户留下好印象，真诚交换名片，大方说再见并离开，这些都是为下次继续交谈做了铺垫。

喋喋不休型客户

这类通常比较活跃、很开朗、不拘小节。营销人员的每一句话都像是打了一个泉眼，他的话就像泉水一样汩汩涌出，堵也堵不住。

他们的喋喋不休，要不就是针对商品或公司，总有很多的耳闻和小道消息，对事情评论起来更是头头是道，但很多情况下他们所说的事情都是对销售不利的。而且即使营销人员针对他说的事情给予了讲解和纠正，他们也总是有很多理由，或者能很快转到其他的问题又喋喋不休地说起来。不仅如此，他们在说话的时候有很多夸张的成分，甚至有时候还带有讽刺和不屑。

这种客户虚荣心极强，有强烈的表现欲望，而且自认为“很厉害”。但同时也是比较脆弱的角色，他人的批评和指责很容易激怒他们以至失态。

其实这种客户无非就是想让营销人员改变自己的立场，最大限度地给他让利。

和这种客户打交道要学会聆听和“装傻”，不要因为他的坚持而改变立场。和他们说话首先要不怕“苦”，无论怎么挖苦、讽刺都要面露微笑，表现得心平气和。不但如此，还要有听下去的决心，让他说个痛快之后就会听你的叙述了。

通常这样的人最爱听恭维、称赞的话。营销人员对他说的越表现出相信和赞同，给予越多的赞美，收获就会越大。但要想办法控制交谈的主动权，提问和给其讲述以往销售中的故事都是不错的引导、控制交谈时间的方法，当他接受了你这个人的时候，就接受你的商品了。

实践证明，这类客户买不买并不会随着时间的推移而改变，购买欲望一般在交谈开始几分钟内就已经确定。当了解到客户确切想法的时候，就要找机会尽快和客户达成交易了。

“我们考虑一下”客户

常有客户做出拖延购买决定，说“我会考虑一下”“不会这么快就下决定”之类的话。

这时可以说：“× 先生，您说要考虑一下，是对我们的商品有兴趣，对吗？”说完这句话后，给客户留下反应的时间，他们做出的反应通常都会为你的下一句话起很大的辅助作用。

客户通常会说：“确实觉得不错，我们会考虑一下的。”接下来应该确认他们真的会考虑，“× 先生，既然您真的有兴趣，那么我可以假设你会很认真地考虑我们的商品对吗？”注意，“考虑”二字一定要慢慢地说出来，并且要以强调的语气说出。

客户回答之后，或者表现出若有所思的样子时，再说：“× 先生，您这样说不是要赶我走吧？我的意思是您说要考虑一下不是只为了要躲开我吧！”说这句话时要表现出半开玩笑的、轻松的表情。在他们做出反应之后，一定要弄清楚并更有力地推一把：“× 先生，我刚才不知哪里没有解释清楚，导致您说要考虑一下呢？”

如果客户提出新的问题，就给客户以详细解答。如果一直不置可否，就可以问："× 先生，是不是价格问题呢？"如果客户确定真的是钱的问题之后，你已经打破了"我会考虑一下"定律。

但如果客户不确定是否真的要买，那就不要急着在金钱的问题上去结束这次交易，即使这对客户来说是一个明智的金钱决定。如果客户近期确实不想买，怎么会在乎它值多少钱呢？

"别家可能更便宜"客户

这当然是一个价格问题，但要分辨出客户真的是认为你的商品比别家的贵，或者只是用这句话来跟你进行讨价还价。了解他们对你商品的品质、服务的满意度和兴趣度，这将对你完成这次交易有莫大的帮助。

可以和客户说："× 先生，别家的价格或许真的比我们的低。我们都希望以最低的价格买到最高品质的商品。依我了解，客户购买时通常都会注意三件事：价格、品质、服务。任何公司都要追求一定利润的，没有任何一家公司能以最低价格提供最高品质的商品和最好的服务，就好像奔驰汽车不可能卖到吉利车的价格，是吧？"

说完这句话后，最好留下时间给客户做出反应。因为你说的是经济上不折不扣的真理，客户几乎没有办法来反驳。接下来再说："× 先生，根据您多年的经验来看，以这个价格来购买我们的商品和服务，是比较合理的，您说对吗？"

让客户回答，因为你的商品的品质和服务确实符合这样的价格，客户如果不是故意刁难，应该不会做出否定的回答。然后，你再继续问他：“× 先生，这两者您愿意牺牲哪一项呢？您愿意牺牲商品的品质呢？还是我们公司良好的服务？有时候适当多投入一点来获得高品质、高服务质量的商品，也是蛮值得的，您说是吗？”

如果商品的品质和服务真的够好，这时候成交的可能性就很大了。

“价格太贵”的客户

在所有的销售过程中，最常见的就是客户抱怨价格太贵。从心理学角度来说，几乎没有客户向营销人员承认购买的东西是真的便宜。“价格太贵”的真正原因有：

客户没想好，还没决定买不买；

根据购物经验，使他习惯性地抱怨价格太贵；

希望和别的公司做比较，或打算去其他公司看看；

希望用比他人低的价格买到，满足自己的虚荣心；

根本就没想购买，以抱怨商品价格过高为借口；

客户不知道商品的大致价格，想以抱怨价格太贵来探听虚实……

针对客户可能出现的心理情况，营销人员要学会在销售过程中先和客户谈及商品价值问题，等到客户有购买欲望时再提价格问题。客户对商品的购买欲望越强，对价格问题的计较就会越少。所以我们在谈话的开始可以有意地回避和忽视价格问题，并尽可能调动客户的积极性和购买欲望。

即使客户一开始就提出价格问题，营销人员可以采用忽视法，转变话题聊别的来忽视客户价格问题，或者可以含糊地回答“这将取决于您选择哪种型号”“那要看您有什么特殊要求了”，从而展开对商品的介绍。

如果不得不马上答复价格询问，也要是建设性地回答，而不是呆板地丢出一个数字，比如说：“在考虑价格的同时，我们还要考虑这种商品的质量和使用寿命……”然后在答复客户问题后继续讲解商品的特点，从而让客户不把他的思路停留在价格问题上。

和客户讨论价格，销售过程中是避免不了的。在对价格展开讨论的时候，营销人员要做的就是让客户把注意力不要只放在数字上，而是引导其综合地分析商品的价格和使用价值之间的关系，通过对比、分解来让客户了解到他接受的数字其实并不大。

在谈到价格时保持客户对商品购买欲望和认可是十分重要的。因为“贵”与“便宜”和客户的感情色彩息息相关。这也是为什么有的人购买某样东西觉得贵而另外的人却觉得便宜；有的人花几十元购买资料就觉得贵，而花几百元购买时装却不觉得贵的道理是一样的。也就是说，让客户听到的是一个生动的、积极的和一组数据相关联的价格，而不是冰冷的、消极的、单独的一个数目。

和老客户沟通礼仪

据了解，一般企业 80% 的商业利润往往来自 20% 的老客户。所以怎样处理好和老客户的关系非常重要。老客户和营销人员之间多少有一些了解，已经认可了商品及营销人员，甚至还很熟悉对方的情况，一般不再存在信任度的问题，沟通气氛相对轻松一些。同时，对于自己是老客户这一身份，营销人员应让客户有感，这一点很重要。

营销人员必须对老客户情况非常了解，包括对方姓名、职务、爱好，成交的时间、成交量和成交金额好，最后一次见面时间，有没发生商品或服务的正负面问题，最近一段时间有无客户单位相关的正面新闻等。并将这些内容在沟通、接待中自然地体现出来。让对方确实感受到，你对他很重视，他是贵宾，也是朋友。（如图 5–4 所示）

见面时，要称呼对方的姓氏加上职务，然后问候对方，简单聊几句自上次见面到现在怎样，包括工作、生活情况，以及上次见面时的细节。接待过程中，可以适当随意些，不用像第一次交往时那样拘谨。但也不能过于随意，随便揭人隐私、开过头玩笑或者短话长说、喋喋不休，否则即使是老客户也会反感。

针对客户以前购买产品的情况，加上这次的沟通，可以试着做出更符合客户利益和情感偏好的新产品推荐，这样更能显示出营销人员的专业水准和良苦用心。

这样才是有效倾听

说，是一种天性；而倾听则是一种修养，是成功交谈、获得信

图 5-4　让老客户感受到你重视他

息并获取客户信任的要诀。一个善于倾听的人，比撒哈拉沙漠里的清泉还可贵。

小孙是天然食品销售员。一天她在给一位老太太上门销售时，对方反应冷淡，看起来销售工作实在没法开展。临走前，小孙忽然看到窗台上有一盆漂亮的盆花，上面种着红色植物。小孙故作惊讶地对老太太说："好漂亮的盆花！平常很少见到。""当然，这是兰花！"老太太的话马上多了起来，并且有些情绪激动。小孙马上接着问"真是好美！应该很贵吧？"老太太说："很贵。这盆花有两千块钱呢！"小孙又问："每天都要浇水吗？"老太太说："是的，每天都要细心养育。"小孙说："那么，这盆花也算是家里的一分子喽？"这句话果然发挥了作用，立刻让对方觉得小孙是个有心人，于是开始倾情传授关于兰花的知识，而小孙则是一直在聚精会神地听。中途告一段落，小孙就把刚才心里所想的事情提出来："大妈，今天就当买一盆兰花把天然食品买下来吧！"结果老太太竟爽快地答应下来，并说："即使是我女儿、我丈夫，也不愿听我讲这么多……改天再来聊聊兰花好吗？"

对营销人员来说，听和说都是一门学问，如果只会说，不会听，同样会失去客户。上面的例子中，小孙说中了老太太所关心的话题，使老太太话匣子大开，而这时小孙又采取了倾听的态度，得到了老太太的信任之后销售自然就没问题了。

认真倾听

倾听是了解客户信息和问题的重要方式。倾听并不困难，主要有四点原则。

一是不要打断说话。让客户畅所欲言，纵然你不同意客户的观点，或者客户说错了，也不能打断他的话，一定得耐住性子听他全部说完。这样才能知道他抗拒你的真正原因，汲取经验。

二是要认同回应。适时对客户的话以语言或动作来表达你的认同，可以使客户很安心地说出自己的真实感受，统一战线，进而使客户能够和你一样平心静气，公平衡量争论事情的利弊，改善双方原本对立的关系。

三是要设身处地地听。换位思考，真诚地从客户的角度去听出他话中的弦外之音。在设身处地为他人着想之前，先得放弃自己的成见。

四是要用心去听。去除来自你思想、情绪和感觉中所有的杂念，使自己完全专注于客户的言辞、动作和表情上。在听时，脸部表现出尊敬、惊喜、欣赏等真实、自然的表情，以及一个点头、一个微笑。这种倾听礼仪很快就会变成你魅力的一部分，只要你充分运用这种充满情意、善意的倾听技巧，你将在处理反对意见时更能得心应手。

学会提问

有时通过倾听，并不能了解所有你需要的信息，而是应适当提问。而且适当提问也表明你是认真听了客户的话，想为他提供最完善的服务。比如“还有……吗？”“那下面是？”“您刚才说的另一个是……”等。

对一些重要意见，为保证没理解错及表明自己的严谨，也需再问问。比如“您的意思是说……”“我理解您的意思是……您看对吗？”如果符合对方的意图，便会得到首肯。如果不符，对方会给你解释。这样的话，既能获得客户最新的意见和需求，还会给对方留下一种严谨、认真的好印象。

问题一经提出，就应该给客户回答问题的时间。

关键的商务演讲礼仪

演讲是营销人员经常用到的一种特殊沟通形式，包括会议、产品演示、招投标。可见，演讲的成功与否，对营销人员来说是很关键的。

了解情况

演讲的目的是让听众了解并接受你的观点，继而认可你的产品或服务。首先就要清楚听众希望自己以什么身份出现，或者这次将把自己设计成什么角度。投标过程中，是纯粹的供应商，还是招标方的战略伙伴？哪些人听你演讲，听众中关键人物是什么人？他们对你所讲内容的了解程度怎样？了解这些信息，有助于演讲内容的相关设计，使演讲更为听众所接受、欣赏。

注意时长

卡耐基认为："脑子里所能吸收的，超不过屁股所能忍受的。"也就是说，演讲宜短不宜长。没有特别要求时，一般的商务演讲通常控制在半小时内；超过一小时，就要考虑在演讲当中穿插一些与听众的互动环节调节气氛；即席演讲，三五分钟就应结束；而礼仪性演讲，像欢迎演讲、欢送演讲、祝贺演讲、答谢演讲、简介演讲，内容都要简短，一般不应超过5分钟；而"限时演讲"，则宁肯时间没用完，也不要超时。

演讲内容

在有限的时间段内，完全借助于语言、手势、表情等向听众讲明这个主题，就要求演讲内容的准备上一定要突出主题、观点鲜明，避免废话、套话。如果引用例子，例子必须简短、有力，对主旨有明确的升华作用，详略得当、回收及时。

演讲内容通常包括开场白、主体、结尾三部分。常用的开场白有点明主题、交代背景、提出问题等。目的都是使听众立即了解演讲主题、引入正文、引起思考，要求简短、明确。

主体部分必须有重点、有层次、有中心语句。演讲主体的层次安排可以按时间或空间顺序排列，也可以平行并列、正反对比、逐层深入。为了便于听众理解，注意各段落的连贯、过渡、转折和前后呼应。

结尾起着深化主题、升华情感的作用。结尾的方法有归纳法、引文法、反问法等。归纳法是概括一次演讲的中心思想，总结强调主要观点；引文法则是引用名言警句，升华主题、留下思考；反问法是以问题引发听众思考和对演讲者观点的认同。另外，演讲的结尾要求精练、简短，可以用感谢、展望、鼓舞等语句自然地结束，给人留下深刻印象。不宜再在结束语中又返回来补充演讲的主体内容，显得很乱。

语言修饰

为让听众从听觉上更有感染力，要注意语言节奏和内容表达的口语化，并注意逻辑严密，语句通顺。为增强表达上的气势，应把长句改成短句，把倒装句改成正装句，把单音词换成双音词，把不易懂的文言词语、不常见的成语都改掉或删去，交替穿插一些历史典故、名人名言之类的哲理性、趣味性材料。演讲内容中可以设置悬念，让听众在山穷水尽时豁然开朗。表达上可以层层蓄势、层层铺垫，然后水到渠成，集中议论抒情，将感情和气势推向高潮，以震撼听众的心灵。引用典故、名人名言或者历史事件时，则所用内容务必要保证精确、恰当。

前几年，中国台湾新党主席郁慕明访问北京某高校，该校校长在致辞开篇引用《诗经》中“七月流火”的句子：“大家好！七月流火，但充满热情的岂止是天气；今天，我们××大学的师生以火一般的热情，在这里欢迎郁慕明先生一行……”将原本表达天气将越来越凉的句子误解成了炎热的天气。这个看起来不起眼的失误，被诸多媒体及网友质疑：作为以国学见长的名校，其校长却没有起码的国学水准，此事甚至升级为“七月流火”事件。

语言表达

演讲速度是演讲的重要要素。为营造良好氛围，必须讲究张弛变化的节奏，控制语速。还要注意根据情绪渲染及内容的需要，在适当的地方放慢或者加快演讲速度，再配合有变化的语气语调，形成“抑扬顿挫”的良好听觉感受。如果从头到尾都是相同速度或一个音调，听众很容易产生疲倦。

语言要流畅。这就要事先熟悉演讲内容，如果需要借助其他用具，如PPT，则应事先演示熟练。

举止动作

彬彬有礼，才能魅力四射。

演讲上场，步态自然，刚劲有力，抬头挺胸，双眼平视前方，表现出成竹在胸、自信自强的风度和气质。低着头，或边走边跑都是不得体的上场仪态。

站在每位听众都可看到的位置，有多媒体道具时还要能方便操作多媒体。站时挺胸收腹，男士没有必要两脚并拢站立，那样显得小气而拘谨；双腿分开也不宜过大，一般以一脚的长度左右为宜。

身前有讲台时，可以双手自然地放在讲台两侧。没有讲台时，双手自然垂放在身体两侧，或操作多媒体、握住白板笔、遥控笔、教鞭及做手势等。

开口演讲前，先和听众做目光交流，环视全场以稳定情绪。演讲过程中经常和全场听众目光接触，特别是坐在后面和前排两侧的听众及重点听众，如身份高者、来宾等，对重点听众多花点时间做目光重点交流。目光接触的速度适中，慢慢地环视，而非扫视。另外，重点交流并不是紧抓不放，对一个人的目光关注不要连续超过两分钟。

演讲内容即使再精彩，但单一的表情，很容易使演讲变得缺乏感染力。偶尔表达出轻松的微笑，再配合用眼睛经常有意地环视会场上的每个人，既显示自信，又说明重视会场上的全体听众。

邀请他人发言时，手指并拢手心朝上（手掌与地面约呈45°角）做抬起状邀请。

发言完毕应向全体与会者鞠躬表示感谢，再从容退场。

注意事项

演讲中除了必要的低头看讲稿，一般不应低头，否则会给人不自信、缺乏底气的感觉。

无论什么情况，都不能把双手放在裤子口袋内，或是不自然地交叉手臂演讲。

左右不停换脚、倚靠讲台，频繁踱步、抖脚，都属于消极站姿，演讲中必须避免。

用遥控笔、教鞭或食指指点他人、站着双手抱在胸前，摆弄双手，手或者拳头在空中不停挥舞，这些都是消极而业余的动作表现。

营销人员的演讲，当然是为营销。有销售就有拒绝，演讲半天不被认可是常事。即使不被认可甚至遇到不礼貌，我们营销人员也必须注意表现出最大限度的善意、风度，买卖不成情谊在。更重要的是我们可以总结原因，提高下次的成功率。

客户不满的应对

客户不满，其实就像一枚硬币的两面，都有价值。不管在营销人员看来客户的不满是否有道理，都是一次难得的学习机会。

据一项研究表明：一个不满意的客户会将自己的不满传给其他11人，而他们每个人又会将这种不满分别传达给另外5个人……如此这般恶意循环，如对不满处理不当，就会由于这种糟糕的“广告”而受损。

客户不满来源

客户不满有多种原因，我们营销人员应慎重对待，积极处理，绝不能充耳不闻甚至店大欺客。现在的网络及自媒体时代，必须尊重每一位客户。

（1）对服务不满

是营销人员的态度和工作方法而导致，主要表现在：

一是态度差，缺乏专业修养。如粗鲁的语言、不负责任的答复，冷冰冰的态度、若无其事、爱理不理的交往方式，缺乏礼貌、用语不当等。这也有可能是客户失礼在先而导致的营销人员过激反应，但这些已不重要了，重要的是现在客户怎样认为。

二是缺乏正确的销售方式，接待客户不主动、不热情；不注意语言修养，冲撞或者挖苦、辱骂客户，不尊重客户的风俗习惯。

三是高压销售。如过分夸大商品与服务的好处、有意设圈套强迫或恶意诱导客户购买等。

（2）没达客户要求

没有认真对待客户的要求，没有立即采取行动，拖拉；没有对客户的损失进行及时赔偿或补偿。

（3）其他原因不满

对商品质量不满，如质量上有缺陷、商品规格不符、商品故障等。

对合同不满。商品数量、规格、等级、交货时间、交货地点、结算方式、交易条件等与原合同规定不符或对客户方不利。

客户不满处理

营销人员应视不满为机会，借此可以了解正常的客户交往中无法获知的信息。全力处理，以让客户满意，把不满变成信赖。在处理时需要注意以下内容。

（1）积极对待

不满就是有火气。当客户怒气冲冲地告状时，应在态度上给他们亲切感。首先请客户在相对安静的地方坐下，奉上一杯茶，请客户先用茶，多喝水少生气。注意自己保持适度微笑，让客户渐渐趋于平静。要知道，客户是因为信赖营销人员，觉得你可以为他解决问题才向你求助的。（如图 5-5 所示）

客户是衣食父母，应怎样妥善运作和适当应对？《孙子兵法》云："故上兵伐谋，其次伐交，其次伐兵，最下攻城。"也就是说，首先要有良好的观念和心态，采取正确有效的策略；其次要创造及维持良好的客户关系，推动各种有效的计划和制度；最后才是面对客户挑剔时采取适当的做法。

（2）换位思考

换位思考，就要求能从客户的立场出发看问题。试想，晚上睡不着的时候，是怨恨自己吗？不会，会说床不好，或者嫌环境太吵闹或者其他理由。客户也一样，有时你只是发泄对象，并不是得罪了他们。试着换位思考就能把投诉变成信赖。

水管设备维护张师傅总接到一位客户的牢骚，如"你们的水管水流太小了""总堵，真是烦人"等。而且一见到张师傅来维修时就信口开河："这和上次不能用的修理方法有什么区别？""到底要反

图 5-5　处理客户不满先奉茶

复修多少次！”后来张师傅终于发现了原因，水管水流不畅主要是因为流进了头发。同时他也想到：如果对方不是客户，自己也不是修理者，会怎样呢？于是他决心尝试以客户的心理来面对这件事："是的，一旦堵上确实很讨厌，很麻烦。您以后可以试着不让头发流进去，看看效果怎么样。有事您随时找我。”张师傅的换位思考，不仅使自己想发的火也没了，客户也没有那么大的脾气了，还表示了感谢："真是太麻烦您了！”而更加让张师傅意外的是，客户自己也开始注意收拾流进水管的头发了。

这一换位思考把坏事变成了好事，双方反而建立了良好的信赖关系。

（3）让客户发泄

营销人员经常会接到诸如抱怨、意见、生气、不满等，各种各样的反馈。尤其注意一定要认真听取客户的意见，做到不争辩、不顶撞。客户的愤怒就像充气的气球一样，当你给客户发泄后，他就没有愤怒了。毕竟客户的本意是想表达他的感情并解决问题。当客户发泄时，营销人员最好的方式是：闭嘴、倾听。当然，不要让客户觉得是在敷衍他，而是保持情感上的交流。认真听取客户的话，才能把客户遇到的问题判断清楚。

客户发脾气不一定就是因为你，很可能在其他方面遇到烦心窝火事，你只是一个燃点而已。所以，一定要注意积极、礼貌对待。

况且人在发火的时候是不讲道理的，这时急于讲道理无疑是火上浇油。

听的时候把注意力集中在不满的原因上，千万不要心不在焉。无论怎样，都要记得对事不对人，不能有任何有辱客户尊严的言行举止，要紧扣客户说的问题，不推卸责任。“这是他们的责任”“预订出的差错”等借口必须杜绝。这些借口无益于问题解决，反而会激化矛盾。毕竟在客户看来，不管哪个部门都是你们公司的问题，他只认识你。

（4）感激并道歉

注意向客户表达出“您的满意度很重要”，把握好语气，尽量做到让客户能够平心静气地说出自己的意见。如果客户一见面就怒气冲冲地破口大骂，而营销人员觉得让他随便说什么都没关系的话，那就错了。客户到了破口大骂的地步，必然是认为他受到很大损失或委屈。这时营销人员首先要微微低下头，发自内心地说：“您特意联络我，非常感谢！”或“特意和我联络，真是太谢谢您了！”营销人员同时也得到自我的冷静，让客户知道你已经了解问题。但也不要从开始就只是不停道歉，那样很容易引起误会，造成混乱。客户的对错并不重要，重要的是该如何解决问题而不让事态蔓延。要清楚的是，只要不是事关重大原则性问题，不必非得弄清楚究竟谁对谁错。把自己所了解的问题告诉客户，并请他确认是否正确。要善于把客户所说的问题归纳起来，进行恰当的询问并整理。

乳品厂接待了一位在酸奶中喝到碎玻璃的消费者。消费者火药味十足："你们难道就只顾挣钱，把消费者的健康、安全置之度外？这块碎玻璃足以让人丧命！我要告诉媒体！"接待人员连忙关切地询问："碎玻璃有没有伤着您哪里？要不要我陪您去医院检查一下？"当得知消费者并未受伤，接待人员又说："那真是不幸中的万幸。如果是老人，特别是孩子喝到这瓶酸奶，那可就糟糕了。"听到这里。消费者的怒气渐消。接待人员又真诚地说："今天您来反映我们酸奶的质量问题，真是对我们的关心，我代表公司谢谢您了！"一个深深的鞠躬之后，接待人员与消费者交换了联系方式。承诺该事故若造成伤害，乳品公司负全责。同时真诚地邀请这位消费者到生产车间去看看，请他多提宝贵意见，并保证今后不再出现类似的事故。

（5）提出解决办法

客户选择营销人员及其商品，无非是因为两大原因，一是愉快的感觉，二是问题的解决。绝不能做只是道歉的事儿，对客户的问题提出解决办法才是根本。可以试着提出解决办法，如免费赠品，包括礼物、商品或其他；打折；对客户的意见表示感谢；以个人的名义给予客户关怀，等等。

营销员小吴向主任汇报，君记美食对华酒意见很大，不愿合作了。君记美食是本市最大的美食城，这个客户不能丢！

第二天上午主任和小吴来到君记美食时，老板理都不理。主任脸上挂着诚挚的笑容说："老板，我是华酒新来的业务，不知道我们的服务哪里让您不满意，还是有什么问题没有处理好？希望能有机会给您一个满意答复。"老板没好气地说："你们没一个算话的！4月份的费用都还没有兑现给我。"说完再也不理他们了。主任仍诚挚地说："我回去了解清楚，再回来给您一个答复。"

当晚8点，他们又来到君记美食时，老板的脸色明显缓和了一些，叫服务员给他们倒了杯茶。主任很诚恳地说："我这次过来第一是道歉，第二是解释一下为什么4月份的费用没送过来。负责这个片区的业务5月3号出了交通事故，他手头上的资料都没交出来。就因为这个事，我们公司现在也改革了，费用全部现送。那个月费用我们会加到现在的单箱费用里面，给您做一个弥补。"

于是，老板心里的冰开始溶化，君记美食再次成为华酒100%的专销场所。

（6）询问客户意见

双方意见不统一是难免的，营销人员最好在提供了解决方案后再询问客户的意见。如果客户的要求可以接受，那最好迅速、愉快地完成，干净彻底地处理，令客户满意。

（7）跟踪服务

客户的不满处理完成后就万事大吉了？不是。上面几步都做了，说明你是一名优秀的营销人员；如果继续跟踪客户，你将变成一名出色的营销人员。给客户打个电话、发一条微信或发邮件，当然，亲自去一趟更好。看客户对该解决方案有什么不满意的地方，是否需要更改方案。

（8）详细记录并预防

对客户提出的问题应详细记录、汇总，共同研讨、改进、学习，将其有效利用。对反复出现的问题，必须给予高度重视并提议开会解决，并采取有效的纠正预防措施。

面对客户的不满，应建立客户投诉的制度，对外公开投诉抱怨的窗口、处理的程序及回复处理的方法，以及如何彻底解决发生的原因避免重复再犯。对于常被投诉或挑剔的问题，也应形成标准的回答，使企业员工口径一致。针对重大投诉及重要客户，在处理之后，适当赠送礼物，能让客户受到额外的惊喜。在良好的管理中，客户的不满会较少发生，发生之后也能迅速圆满解决，企业与客户能皆大欢喜。

特殊场景沟通礼仪

营销工作中，有几处特殊场景，沟通中需要特别注意，以显示出我们营销人员的应对技巧、见识以及诚恳的态度。

寻求建议时

客户向营销人员寻求建议时，一是出于信任希望以营销人员的专业角度给出最适合自己的建议。二是有可能试探营销人员是否诚恳可靠，是推荐性价比最好的还是最贵的。

所以，这时应该先了解客户的相关需求、要求，然后再做相应推荐，并有条有理地说出原因："如果我是您的话，我选……""我认为，这款更加适合您！而且更耐用。因为……"

质疑 / 比较

客户不管是质疑还是比较，都很正常。市场经济条件下，提供了货比三家的可能性。为了获得最高性价比的商品，这是再正常不过的选择了。营销人员面对质疑或比较，正是展现自己的专业和本公司产品独到之处的良机。介绍出自己产品的独到优势，行业地位，能带给客户的益处，等等。能示范的示范，能用数据说话的则用数据说话，尽可能带来令人信服的讲解，而不是只简单地夸自己好，那种只是自卖自夸而已。

同时，在介绍本公司产品的同时，不可以直接贬低同行。贬低同行，看似提高了自己，赢得竞争，但封上他人的门，往往也堵住了自己的路。同行孰优孰劣，客户自有判断，不要自作聪明。所谓杀敌一千，自损八百，贬低他人对你没有好处。即使客户直接问，也应委婉地介绍自己产品的长处，而不要直接说同行的短处。

但也要注意不要频繁提到其他品牌名称，否则无形当中等于给其他品牌做了广告，不断加深客户对其他品牌的印象。

未成交时

营销工作不是每一次都成功。成功需要失败的洗礼。其实相当于又减少了一次不成功，离成功更近一步。得知没能成交，营销人员也必须保持良好风度，礼貌对待客户。而不是一听不买，马上就由热情降为冰冷、明显有情绪。未成交的原因可能很多，不一定不认可你们的产品或你本人。通过本次的交往，认识到专业的你、高品质的产品，将来还是有合作的可能性，或者带来口碑营销。所以应用正面结束语，以给客户留下良好印象：

“王总，您目前不考虑我们的商品，我想一定有您的道理。但仍然很高兴您能在百忙中抽出时间和我讨论。希望以后有需要的时候，我们 ××× 能有机会为您服务。”

这时候既要大度地表明态度，又要强调将来的可能性，同时还应提到自己公司的名字，以强化客户对公司的品牌印象。

离开客户单位时，也应致谢所有你接触到的人，包括前台。广结善缘没有什么不好，这能为你们将来的再见面，赢得印象分。

客户沟通注意事项

三寸不烂之舌，可敌百万雄师。然而在和客户沟通并不是话越多越好（盐多是不坏菜，但让人没法下口），而是有一些注意事项。

记住多微笑

希尔顿饭店是全世界最知名的连锁酒店之一。希尔顿当年以5000美元起家开了希尔顿饭店。在美国经济萧条最严重的1930年，全美的酒店倒闭了80%，希尔顿的饭店也连年亏损，希尔顿仍要求每个员工："无论饭店本身遭遇怎样，希尔顿饭店服务人员的微笑永远是属于饭店的阳光。"微笑不仅使希尔顿饭店率先渡过难关，而且带来巨大的经济效益，发展到在全世界70多家连锁店，资产总值达数十亿美元。"你今天对顾客微笑了没有"也成了希尔顿的名言。

乔·吉拉德认为，面部表情很重要：它可以拒人千里，也可以使陌生人立即成为朋友。

微笑的人，运气不会差。微笑可以缩短人与人之间的距离，化解僵局，是沟通彼此心灵的渠道，使人产生一种安全感、亲切感、愉快感。只要能选择，谁愿主动搭理一脸苦相的人呢。客户首先是看营销人员面孔、表情；不是先买商品，而是先"买"他们的态度。当你向客户微笑，实际上就是以巧妙、含蓄的方式告诉他：你对产品很自信，你尊重他，你值得信任。从而能减少摩擦，吸引客户。从这个意义上，微笑就是有效的公关，不管当时的心情怎样，在客户面前，始终别忘了选择一种微笑，保持微笑的表情。

避免不良习惯

在和客户交谈时应注意以下内容。

（1）避免不良仪态。美国通用公司原CEO杰克·韦尔奇说："要赢得客户的信赖，就必须表现出值得信赖的行为。"和客户交谈中，有些仪态会给客户留下不好印象。例如，挠后脑勺、手中摆弄东西、抖动腿部、用手挖鼻孔或挖耳朵、揉鼻子、剔牙齿、打哈欠、伸懒腰、倚靠而站、站时手插口袋里、说话时不看客户、用食指指向客户、坐时躺靠在椅子里、边和客户说话边干其他事，等等。

（2）不要不给客户讲话的机会。有些人讲话不看客户，不管客户喜欢不喜欢听，只是自己一个劲地说，就像机关枪似的不给客户表达意见、想法的机会，甚至总是抢话说。这都是营销工作的大忌。

（3）不要反驳客户观点。每个人对事物都有不同见解，特别是客户在针对营销人员所要销售的商品，因自己目的而对商品说出不一定是正确甚至不礼貌的话。营销人员不应对他们的意见直接反驳或者批评，否则有可能会使客户觉得没面子而恼羞成怒，或者对营销人员产生反感情绪。

（4）不要轻易下断言。双方交谈的问题较为复杂，各自都有一定的想法，一定要把客户的话听完，听听客户所谈问题的意见后再下断言，千万不要只听开头，就解释客户提出的问题，即使你对客户讲的问题比较了解，也要等客户把话讲完，这也是礼貌。

（5）不说没谱的事。有些营销人员没话找话，以为不停地说就会建立信任度。对于没发生的事，也乱说；明明办不到的事，也胡乱承诺。这样的结果，只能让客户觉得你没谱，甚至招至是非。

（6）不非议第三方。在和客户沟通中，自然要谈到本公司和所销售产品在同行业的优势，并且用事实进行介绍。但并不意味着一定要靠中伤同行来达到一枝独秀的目的。来说是非者，必是是非人。客户的选择，一是商品品质，二是营销人员的人品。非议第三方，只能让客户看低你。

（7）避免说术语。一定要从客户角度做沟通，说客户关注的内容和客户听得懂的话。

客户："我的宽带断了，你们的宽带太差！"

营销人员："您桌面有一个'我的电脑'，看见了吗？"

客户："对，我桌面是有一个电脑。"

营销人员："您桌面上还有一个开始键。"

客户："桌面上没开始键啊，我桌面上就一个电脑啊。"

对客户来说，"桌面"是术语，不一定听得懂，甚至理解成桌子。而"屏幕"才是从客户角度应表述的名词。

沟通忌语

所谓忌语，就是让人忌讳的语言。不管是不尊重、不友好、不耐烦还是不客气，都是对客户的伤害，所谓"恶语伤人六月寒"。我们营销人员都是有组织的人，一言一行代表的是企业的形象和尊严，绝不可以任性而为之。

下面是一些常见的忌语，在和客户交往中必须避免以下言语：

不买就别摸。

看你也买不起。

有意见找老板。

那个不归我管。

跟我有啥关系！

这事儿我管不了。

我就是这个态度。

你这人真多事儿。

谁答应你的，找谁去。

快点儿讲，我还有事。

上面都写了，自己看吧。

快下班了，明天再说吧！

嫌慢，你怎么不早下单。

我们的产品绝对不可能这样！

嫌我们不好，就找其他公司吧。

我不是给你发过吗 / 给过你吗？

嫌我态度不好，我又没请你来。

你这样的我见多了，有什么了不起。

他们公司的产品哪儿比得上我们的。

投诉吧！电话在墙上写着呢，不过您最好早点儿打电话不然占线。

应了解的催款礼仪

催款一直是销售工作的大问题，也是令营销人员头疼的事儿。我们之所以说“催款礼仪”，就是希望将催款工作做得理性、有风度，不让对方尴尬，尽可能避免让客户方对你心存芥蒂。

到期付款，理所当然。害怕催款引起客户不快或失去客户，只会让真正喜欢拖款的客户得寸进尺。而且没付款原因很多，并不一定就是你想的那么糟糕。只要技巧得当，还能把催款作为和客户沟通甚至获得新的销售信息的机会。

另外，款项拖得过久反而容易有问题，比如客户方的人事变迁等。所以适时催款非常必要。

邮件催款

邮件催款是最受推崇的方式，也是最方便的方式。这种方式可以有充分的余地来修饰措辞，可进可退。

把握好什么时候发邮件、发给谁以及邮件内容这三方面的内容。

什么时候发邮件呢？当然是在到了付款日期且过了几天之后，一般建议一周左右（法定节假日再顺延）。这样处理，既是体谅，也是发邮件的充分理由。

这样的邮件，应该发给最初的联系人，最好是有职务的最初联系人，而不是认识的所有客户方的人都发邮件。

邮件内容，一定要注意措辞。当然也是和普通信件一样的格式，有称呼、问好、落款。正文可以用三段式，先以回访的形式询问什么时间提供的货或服务，现在有没遇到什么问题。再说截止到什么时间（应确保这个时间确实没收到，而不是只在这个时间之前查过），财务说合同上是 ×× 日付款，都过了 × 天还没收到，让你询问。“财务说”是重要的一点，是财务例行公事让你问，而不是你着急催。然后就是表达给对方添麻烦，以及产品、服务有问题随时沟通的客套话。

收到款项后应第一时间回复，以让对方放心。也显示出你有始有终的礼貌。

电话催款

打电话同样应注意什么时间打、打给谁，说什么这三个方面。

应该在过了付款日期后的一周左右（法定节假日再顺延）。这样处理也是为了有充分的去电理由，而不是在应付款日期的第二天就打电话，显得沉不住气。而且应该避开周一早上，一周刚上班总有点不在状态，这时候催款效果不会好；而周五下午也不宜去电，马上周末，谁也懒得去跟其他部门找麻烦，即使周五下午说了也要等周一办，周一早上办事人或许又忘了。还有中午休息时间，下班后以及周末时间也都不应去电催款。

去电，只能打给一个客户，那么最初联系人，最好是有职务的最初联系人就是首选了。

事先拟好要说的内容：先说什么，再说什么，怎么收尾。还有什么时间供的货或服务，价格，协议的付款日期都应清楚。

一开始的简单寒暄是必需的。可以从问候开始，然后再问产品或服务有无问题等，最后再提款项的事，具体可以参考上面邮件的内容。同样，“财务说”是重点。这时不要在电话里随便给出额外承诺。

对于客户说的“过一段时间”，应在电话里明确具体时限。可以跟客户说“得半个月？好，那我跟财务说，半个月后查收，到时告诉您。实在是给您添麻烦了”。

上门催款

上门催款时，应该已经用过上面两种方式。这时应该是已经了解到没付款的原因：疏忽、对产品不满、资金紧张还是故意，等等。

上门催款，就不必再绕弯子。找到最初联系人直接、礼貌地说事，而不是被对方四处推、让你自己去找人。而且最好赶在对方开口之前自己先开口，避免让对方找借口，获得气势上的主动权。

对产品不满，确实有事先没有说过的瑕疵，尽快做额外的补救，以显示我们铁一般的担当、效率，以及诚意。

合同上的付款时间，过了期限到现在都是你在从中协调，你也如何为难，等等，都可以告诉对方。

当时不能付款的，应当面确认具体的付款时限。到了期限之后的几天仍没收到，再直接上门。

款项一直没支付，财务并不是主因，可能是签字人的某个环节问题。对于在催款期间接触的每一个人，一定要礼貌相待。

上门催款，离开时还可以用关心的语气询问所提供的产品或服务情况，以示你的眼里不只是催款，还有服务。

催款要有“钻劲”，有穷追不舍的精神。不要被拒绝一两次就放弃。但不管怎样，也不要有过激行为。脸皮一旦撕破，回款的阻力可能更大了。

另外，平时营销人员应注意和客户方的联系人维持好关系。这不仅是为营销，也为能在必要的时候可以及时获得客户方的相关信息，方便自己的催款。

以上都不奏效时，就该法务或律师出面了，本书不再介绍。

商务谈判礼仪

商务谈判对营销人员来说是经常性的工作。商务谈判中怎样通过我们的专业形象、举止获得尊重和双赢？从营销实战的立场、商务礼仪角度来看，商务谈判礼仪须围绕三个关键词：注意形象、举止有度、互尊互敬。下面的五条内容，就是围绕这三个方面展开。

谈判准备

收集资料和信息。这一点对营销人员来说非常重要。围绕这次谈判主体的行情，背景资料，对方参加人员职务身份信息及个人情况；对方谈判目的和需求。而且，通过对方参加谈判的人员身份，还可以研判对方对这次谈判的重视程度。

确定谈判团队。商务谈判往往是群体间的交锋，单凭营销人员自己难达到圆满结局，所以应组建谈判团队，知识结构互补、分工协作，从而发挥团队优势。从性别上来说，最好有女士参与，以最大可能发挥不同的性格特长。还应考虑到我方谈判人员身份应和对方相当，以示对等和尊重。

确定目标尺度。确定了目标和能让步的尺度，谈判人员才有底气和原则。根据我方目标和能够灵活的尺度范围，事先进行若干次的模拟推演，然后准备几套方案。一旦对方拒不接受我方的方案、僵持不下时，可以从容地提出新的替代方案，从而打破僵局、把握主动。

确定谈判地点。谈判地点有三种情况，即我方、对方、第三方。在我方谈判，就是主场谈判，心理上则占据天时地利人和的优势，但精神上也容易松懈。在我方谈判，就要布置好现场，采用长方形或椭圆形的谈判桌，门右手座位或对面座位为尊，应让给客方。

谈判的具体礼宾位次，因谈判桌横放或者竖放而不同。（如图 5-6 所示）

注意个人形象。所有谈判人员必须注意仪容仪表，穿商务正装出席。

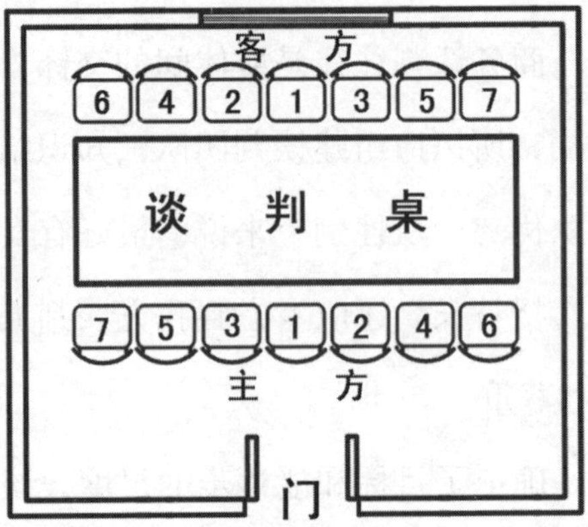

横桌式谈判排座

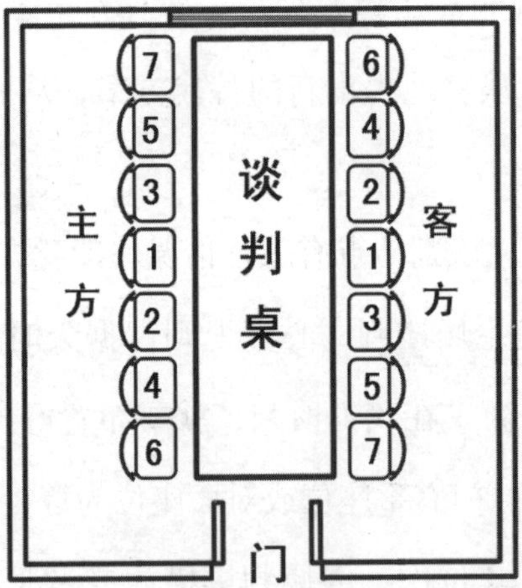

竖桌式谈判排座

图 5-6　谈判的礼宾位次

谈判之初

谈判之初，双方接触的第一印象十分重要，言谈举止尽可能创造出友好、轻松的谈判气氛。双方见面时，以友好的姿态，保持微笑注视对方，切忌上下打量、不正眼看人。见面后，首先介绍。由主方的联系人给其他人员做介绍；己方或由己方接洽的谈判地点，都可以视为主方。做介绍时，把己方的人介绍给对方，介绍己方的顺序上，身份由高到低；被介绍到的人微笑示意“您好”“幸会”之类，同时伸手相握。

这时双方可以互换名片。介绍完毕，选择双方共同感兴趣的话题稍作寒暄，以沟通感情，为接下来的“唇枪舌剑”创造一个轻松的氛围。

落座时，主方人员主动邀请客方入座后再落座。

谈判之初的重要任务在于创造友好轻松氛围的同时，摸清对方的底细。所以应认真听对方讲话，细心观察对方举止表情。

开始谈判前，还有最后一件事需要做，那就是将手机关闭或调至静音状态。

谈判之中

这是谈判的实质阶段，主要是报价、查询、磋商、解决矛盾、处理冷场。我们从谈判礼仪的角度做一下简单介绍。

报价。重在明确无误、恪守信用。本着诚信的原则，守诺重信，爱惜名誉，对方一旦接受价格或条件，就意味着双方的一种承诺。

查询。事先准备好有关问题，选择气氛和谐时提出，态度开诚布公。切忌气氛冷淡或紧张时查询，言辞不过激或追问不休，以免引起反感甚至恼怒。但对原则性问题应当在理性、礼貌的基础上力争不让。对方回答查问时不宜随意打断，回答结束时向解答者表示谢意。

磋商。讨价还价事关双方利益，容易因情急而失礼，所以更要注意保持风度，应心平气和，措辞文明，求大同存小异。

解决矛盾。出现歧义时就事论事、保持冷静，不能因分歧就怒气冲冲，甚至人身攻击。

处理冷场。这时候主方应占主动并灵活处理，可以暂时转移话题，稍作松弛。确实无话可说时应立即暂时中止谈判，稍作休息后再重新进行。

保持冷静。商务谈判经常是一场心理战。必须随时保持冷静和耐心，不外露情绪，无论是失望、生气或窃喜。

注意语言艺术

注意礼貌。谈判是在双方共赢基础上，追求己方的利益最大化。所以谈判中不管出现什么样的困境，都必须始终保持应有的风度和礼貌，始终以对方的姓氏和职务称呼。说话简练而有力，注意留有余地，不说过头话、太绝对的话。切忌插话、打断他人的话。说话时避免不礼貌的身体语言，比如双臂抱在胸前，抖腿、躺坐在座位上、趴在桌上、用食指指人、敲桌子等。他人说话时，要保持倾听姿态。

针对性强。商务谈判语言针对性要强，做到有的放矢。模糊、啰唆的语言使人疑惑、反感，降低己方威信。针对不同的商品、谈判内容、谈判场合、谈判对手，都应针对性地使用语言，才能保证谈判的成功。例如，对脾气急躁，性格直爽的谈判对手，运用简短明快的语言可能受欢迎；对慢条斯理的对手，则采用春风化雨般的倾心长谈可能效果更好。充分考虑对手的性格、情绪、习惯、文化以及需求状况的差异，恰当地使用针对性语言，同时注意自己的语速语调。语气上必须始终保持应有的礼貌。很多谈判者在遇到认为不礼貌的谈判方式，或者认为对方提的要求太苛刻时，语气上容易表现出非理性，从而做出了不利于己方的冲动判断，使谈判失去主动。

表达婉转。谈判中尽量使用委婉语言，这样易于被对方接受。比如，在否决对方要求时，可以这样说“您说的有一定道理，但实际情况稍微有些出入”，然后再不露痕迹地提出我方观点。

其间，谈判高手往往努力把自己的意见用委婉的方式伪装成对方的见解，提高说服力。在自己的意见提出之前，先问对手如何解决问题。当对方提出以后，如果和自己的意见一致，要让对方相信这是他自己的观点。在这种情况下，谈判对手有被尊重的感觉，他就会认为反对这个方案就是反对他自己，因而容易达成一致。

表达优势。走上谈判桌，双方都应有所了解。但还是应该在了解到客户需求的情况下，放松地、简短地表达出本公司在同行业中的优势地位，要有事实、有数据。这无疑会有力提升谈判的砝码。

只是这时候的介绍，要强调“简短”，而不是之前拜访中的详细介绍。现在如果还是不分主次地详细介绍，就会让人反感了。

另外，商务谈判中，仪态、手势、眼神、表情等无声语言，往往发挥着重要作用，起到和语言同样的灵活效果。在有些特殊环境里，恰到好处的沉默可以取得意想不到的良好效果。

小提示大道理

和客户不好的沟通导致：他觉得你莫明其妙，你觉得他很可笑。所以和客户沟通要时时以客户的认知、感受为中心，注意对等、尊重且体谅。

第六课

餐桌交际礼仪

THE
SIXTH LESSON

他山之石

经过两个多月的努力，韩风终于约到了余处长，请余处长在当地一家高档特色酒店“小坐一会儿”。余处长是这次价值五百多万元的空调采购计划的关键人物。

韩风事先打听到了余处长对饮食文化有研究，爱品葡萄酒，韩风特意点了两瓶高档葡萄酒。在韩风端起满得快要溢出的酒杯“先干为敬”，在连续干了几杯葡萄酒后，余处长明显有点不痛快了。酒过三巡，菜过五味，韩风眉飞色舞地聊起了街头巷尾热议的某名人绯闻，还抖出了不少“独家猛料”。余处长在韩风营造的“热烈”氛围中，话反而越来越少，宴会还没结束，就借故提前离开了。

令韩风郁闷的是，事后他再也联系不上余处长，更不用说拿下这宗大单了。

在中国这样一个“民以食为天”及注重人情往来的国家，餐桌当然是营销人员的重要“战场”。以餐为媒，以酒为介，大家在觥筹交错、温馨和谐的氛围中沟通情感、拉近距离、广结善缘。

怎样请客

营销活动中，商务宴请是重要选项。不管是请还是被请，在各自角色中都有很多事项需要注意。

确定时间

宴请的时间，主要是考虑客户是否方便；可以选择有特定意义的时间，如元旦、中秋节、春节等重大节日；向远道而来的客户表示欢迎，一般应在客户到来的当天或者最迟第二天就举行宴请，如果过了若干天再请则意义不大；升职庆贺的话，应在客户升职后尽快安排，如果过了几个月再请，也显得缺乏诚意。宴请一般宜安排在晚上。另外，宴请外国客户和有特殊风俗习惯的客户，还要顾及禁忌的时间，比如基督教徒的13号、星期五，伊斯兰教徒的斋戒日，这样的日子都不宜宴请他们。

在哪儿吃

在哪儿吃，这要考虑到对方的身份、风俗习惯以及双方关系。如果对方有一定身份，或者双方将有重要合作，当然可以选择稍高档的饭店。对于日常应酬，选择中档、有特色菜或招牌菜、环境干净幽静的饭店就可以了。对于有特殊宗教信仰的客人，应注意选择他们方便的饭店，如有穆斯林客人时应选择清真饭店。

无论如何，夜市、大排档、快餐店都不应是商务宴请的场所。档次上可以适当提高，但不能随便降低。适当提高让人感受到的是礼遇和重视，而降低则会让人觉得受到冷落、被轻视。

重要的宴请时，即使人数再少也应尽可能选择包间，而提前预订是必要的。对于特别重要的宴请，不仅要提前去现场“踩点”，看环境、菜品等，还可以和饭店签订合同，避免被饭店临时爽约。

宴请政府公职人员时，须考虑是否符合国家规定、当地规定及参照当地财政部门规定的伙食标准，不选会所、高档餐饮场所，避免超标准而让对方为难。

有条件的单位，在本单位的餐厅设置包间请客，也是不错的选择，干净卫生、方便客人。

都请哪些人

《西游记》中，孙悟空自封为“齐天大圣”后，被玉帝安排看守蟠桃园。当他从采摘仙桃的仙女口中得知，王母娘娘举办的“蟠桃会”请遍各路神仙居然没有请他时，非常恼怒。因此，一次他认为不恰当的邀请，成了大闹天宫的导火索。

请客吃饭，请谁、不请谁，事关主方哪些人作陪。特别是请同一单位人员或客人间可能相互熟识的，名单要仔细斟酌，绝不能漏请，但也没有必要凑数，可根据宴会规格、性质、主宾身份、习惯做法来确定。尽量避免邀请双方关系激化者、意见不同者。确定邀请对象，特别是确定了主要邀请对象后，就应发出正式邀请。

对方来访的所有人都是宴请对象，剩下的是确定主方出席者了。一般来说，联系人、经办人、部门负责人、主管领导都应出席，但人数应和客方人数大致相当，而且身份也应大致相当。对于重大合作，和对方接洽的部门负责人或常务副职甚至单位领导，都可以出面宴请，以示重视。

但在宴请政府公职人员时，陪同的人数要注意国家对公务人员的规定。接待 10 人以内的，陪餐人数不超过 3 人；超过 10 人的，不得超过接待对象人数的 1/3。

怎样邀请

邀请的方式有很多，简单的方法有打电话、发电子邮件、发微信等。高端宴会则要印制请柬或请帖，寄发或者直接送给客人，请柬上注明宴会日期、时间、形式、主题、主（办）人名称、请客地点、服装要求（如果不是高端的宴请，在国内不必特别要求这一项），甚至具体位次等。诚意邀请应给对方充分的准备时间，正式宴会通常在两至三周，甚至一个月前就应发出邀请；普通宴请也得在一周前通知；对来访者的宴请，双方见面之初就应郑重告知，同时还应告知主方主要参加者的姓名及身份。

大型宴会可以单位名义发邀请，也可以个人名义发邀请；商务宴会则可以单位名义发邀请。电话邀请应用在熟人之间；发邮件、留便条邀请时，发出邀请后还要和对方电话确认。如发请柬，应在对方收到后再电话邀请；对于重要身份者可以上门邀请。

无论哪种邀请方式，即使对方已经接受邀请，为表达真诚，减少失误，在宴请的前一两天，还是应再度电话确认。

按我们中国人习惯，请人吃饭要“三请四邀”才显得有诚意。所以，特别是非请柬邀请，一定要诚恳地多邀请几次，否则很容易被对方认为是走过场、没诚意。

还有几种非常邀请法：

和客户聊得很投入，“正巧”到了吃饭的时候。这时提出一起吃饭继续聊，就显得既自然又合理。通常在你的坚持下客户是会同意的。一般在下午更好，这样用餐时间充裕。

在销售成交的时候，就势邀请客户一起吃饭，这时通常客户也是非常乐意赏脸。

完成销售以后，为了表示对客户的谢意，可以打电话或登门邀请。一次性邀请数位客户，邀请时应亲自告诉每位客户，防止到时候出现部分客户认为不被重视的情况。

在销售过程中，营销人员也可以电话邀请客户，但邀请时应向客户表明邀请用意和大致情况，防止客户有避讳贿赂之嫌给予拒绝。通常邀请要诚恳，以就什么问题请教，为表达对工作支持的感谢，为将来的合作愉快等的理由都行。

也可以在销售之外，以私人名义请客户吃饭，这时多是为了解客户信息和加深客户感情，可以告诉客户你现在正好在他们单位附近，听说这家餐馆挺不错，以个人名义请他坐一会儿。

礼宾位次

商务宴请是正式的活动，不是哥儿们私交聚餐，礼宾次序显示出待客之道。餐桌座次安排的原则有：

右高左低。当两人一同并排就座的时候，通常以右为上座，以左为次座。

中座为尊。三人时，居于中座者在位次上要高于在其两侧就餐者。

面门为上。面对正门者为上座，背对正门者为次座。

观景为佳。有的餐厅有优美的景致或高雅的演出，这时候应以欣赏角度最佳者为上座。

尊重选择。人数较少，而又相对随意的场合，客人已经自行坐好，也不愿意换到应坐的座位上，不必为此和客人争执不休。如果客人身份很高，其他人再坐那个位置都不合适，可以把那个位置空出不坐。这样的做法，既尊重了客人的意愿，同样也是对客人的尊重。

对于大型宴会，或者人数较多的多桌宴会，最好的办法就是提前安排好桌次、位次，并摆好名签；或者在座椅背上贴好名牌纸，以方便客人对号入座。也可以在宴会厅外张贴礼宾序列示意图。

现场安排

高端的宴会活动，或者邀请的客人达数桌时，应适当布置现场，包括宴会大厅和休息厅。现场布置宜庄重、大方，适当用鲜花点缀，有些宴会要悬挂会标。邀请数桌客人时，现场可以在主桌背后设立式话筒。还应有专门人员负责宴会的迎宾、接待和引导人员。在天寒地冻的时节，宴会厅外还应专门设置大衣存放间。

即使一般的商务宴请，只要不是双方一起去，就应有主方人员提前到达，以便接待、引领、安排。对于住酒店的贵宾，应去酒店迎接。

点菜不简单

应该说，商务宴请中点的菜，往往倾注了点菜者的良苦用心和美好寓意。客人在吃好喝好的同时，还能知道我们所点菜品的良苦用心，当然会起到锦上添花的作用。

上菜顺序

正式宴会上，中餐完整的上菜顺序是：冷盘、热炒、主菜、点心、汤和水果拼盘。

冷盘，通常是四种冷盘组成的大拼盘，有时多达十种。如凉拌海蜇皮、松花蛋等。

有时冷盘之后，接着出四种热炒。常见的是炒虾、炒鸡肉等。不过，热炒经常被省略。

主菜。主菜紧接在热炒之后，又称为大件、大菜。主菜的道数通常是四、六、八等偶数，一般都是六道至十二道。出菜顺序多以口味清淡和浓腻交互搭配，或干烧、汤类交互配列为原则。

点心，指主菜结束后所供应的甜（咸）点，如馅饼、蛋糕、包子等。

最后通常是汤。前面上的如是咸点心，讲究配咸汤；甜点心，则习惯配甜汤。

以上用毕后，才会上水果拼盘。但也有的地方根据营养学的知识，把水果拼盘提前到凉菜之前上。也有分成单人份的小果盘。

了解禁忌

来自腾讯网 2013 年 11 月 23 日的消息。

长沙一餐馆因第六道菜上的是鱼，引发一场争执。食客生气转身走人，老板报警要抓吃霸王餐的人。

原来，按照当地习俗，摆宴席第一道和第六道菜上鱼是打发“叫花子”之意。最后在民警协调下，以店家向食客表达歉意，并在结算时给予了折扣了事。这也从另一个角度告诉我们，在客户往来中点菜还要注意地区禁忌。

点菜必须注意禁忌，兼顾来宾特别是主宾的忌口，以免好心办坏事。

注意宗教禁忌。像穆斯林不食大肉、自死物、血液和非诵安拉之名而宰杀之物，凶禽猛兽及无鳞之鱼，不喝酒及含酒精的饮料。国内的佛教徒在饮食上禁食荤腥，不仅是不吃肉食，也包括葱、蒜、韭菜等气味刺鼻会污口的食物，当陪同他人礼佛时也应同样忌食，以免对佛不敬。道教信众忌食牛、龟、蛇、狗肉。贸然犯忌可能会带来麻烦。

注意地区禁忌。不同地区，往往有不同饮食偏好。比如藏民通常不吃鲑，英美人通常不吃宠物、稀有动物、动物内脏、动物的头部和脚爪等。在客户往来中，通过客户所在的地区，可以提前查询获知。

个人忌口，没有规律可循，只能通过询问知道。忌口信息可以提前了解，或者现场询问、了解。避免忌口菜，是做好宴请的重要细节。

安排菜单

对于大型宴会，到现场再临时点菜，显然不好操作。那么，在确定好来宾及人数后就该安排菜单了，即提前定好菜品。菜品的选择应根据宴请的规格及宴请地的特色，同时兼顾主宾的年龄、性别、健康、民族禁忌、饮食习惯及口味。隆重的宴会应印制菜单，一桌一份或人手一份。

一般的商务宴请，可以在客人到齐后现场点菜。点菜的技巧后面再专门介绍。

怎样点菜

不是大型宴会，一般可以现场点菜，即待客人到齐后点菜。先让主宾点。当客人谦让不点时不必勉强。主人点的时候，与其问客人“您吃什么”不如问“您不吃什么”。前者在初次商务交往的宴请中，问了等于没问，基本上只会得到“随便”的答复。按照我们中国人的心理，初次之交，随便就说出饮食爱好显得没出息。而问“请问您有什么忌口”，则可以迅速了解对方的禁忌。（如图 6–1 所示）

在中国请外国客人，当然应请吃中餐，而且点我们有民族特色的食物，如春卷、元宵、水饺、扬州炒饭、鱼香肉丝、宫保鸡丁、麻婆豆腐、咕老肉、酸辣汤、北京烤鸭，等等。

不点会让自己或对方难对付的菜。商务宴请，总得讲究举止。尽可能不点难对付的菜，比如有粉条的菜，可能好吃，但吃相不好，也容易让客人尴尬。所以大家不好下筷子，或者下筷子举止不雅、吃起来费劲的菜，还是别点为好，避免怕吃相不好而没人敢动筷子。

如客人已应邀点了一些菜，主人再点时，应避免点同食材、同口味的菜。

菜的数量，宁可多点一道也不能不够吃。一般热菜数量可以控制在就餐人数加 1。当然还可以适当加点冷盘小菜，这样在热菜上桌前台面不空。冷盘是双数，可以点 2 道或 4 道。

图 6-1　点菜时不应问客人吃什么

点菜时，一般应挑选 1/3 高档菜，搭配 2/3 中低档菜，并在其中注意选取该店的特色菜式；点选的菜肴还应注意不同食材、不同烹调法、不同口味、荤素兼具等做到少而精，风味浓，充分考虑到营养及膳食平衡。主食点什么，尽可能征询每位客人的意见。

对有典故、特殊寓意或独特功用的菜，用餐时最好能向客人作重点介绍，而不是一味地说“请尝尝、好吃、请多吃”这些平淡的让菜词。经介绍之后，客人品尝到的不仅是美味，还有文化，无形中提高了宴请的品位和层次。介绍的过程，不仅活跃了餐桌的氛围，更足以证明主人的用心良苦和交往诚意。

而当宴请政府公职人员（含国企）时，注意不点鱼翅、燕窝、鲍鱼等高档菜肴和用野生保护动物制作的菜肴。

怎样点酒水

点酒水、饮料也应征求客人意见。点多种饮料时，对于不含酒精类饮料的点选原则，一般无糖饮料在先、含糖饮料在后；无汽饮料在先，有汽饮料在后。

点酒时，应尊重客人对酒的偏好。按惯例，高端宴请不点啤酒。点酒要考虑和菜的搭配。一般高档菜配高档酒，低档菜配低档酒。为讨彩头，可以把酒和宴席主题相结合，如升迁或合作成功选用“喜临门”“双喜”酒；获得优秀成绩用“状元红”酒；熟人间用竹叶青酒，“一天一杯竹叶青，越活越年轻”，等等。一般来说，中餐宴席选用的酒，最好选定后就“从一而终”，否则，混喝多种酒很容易醉。但如果必须喝两种以上的酒时，应遵循的原则是：低度酒在先，高度酒在后；清淡酒在先，浓郁酒在后；普通酒在先，名贵酒在后；干味酒在先，甜味酒在后；新酒在先，陈酒在后；有汽酒在先，无汽酒在后。

现在的中餐，也常点葡萄酒。葡萄酒配餐，基本原则是“红酒配红肉（牛肉、羊肉、猪肉等）、白酒配白肉（鸡肉、鸭肉、兔肉、海鲜等）”。

还可以根据酒的口味搭配：口味清淡的酒配口味清淡的菜、口味浓郁的酒配口味浓郁的菜。比如红烧牛肉，就要配味道浓郁的红葡萄酒。喝两种以上的酒，先喝白葡萄酒再喝红葡萄酒，有甜味的葡萄酒在饭后配甜点时才喝。

川菜适合搭配半甜或清爽口感的白葡萄酒；一定要搭配红酒的话，则要选择较辛辣的葡萄酒品种。北方菜因为使用大量肉类和大麦制品，适合搭配红葡萄酒，特别是烧烤的肉类。沪菜和浙菜的海鲜类菜适合配白葡萄酒，肉类菜搭配法国及意大利的中等浓郁红葡萄酒。而广东菜可以搭配不同的红、白葡萄酒和起泡酒。

一般来说，酒的价格要看宴请的档次而定。酒的价格一般不超过菜品总价的 1/3~1/2。和菜肴不同的是，酒不一定非点当地酒，除非当地酒是名酒。宴请政府公职人员（含国企人员）时，就应避免点高档酒水。

餐桌酒文化

俗话说："无酒不成席，无酒不成礼"。古今中外，宴请几乎离不开酒。酒是餐桌上一道亮丽的风景。要想在餐桌上张弛有度，必须了解餐桌酒文化，熟悉酒礼。

怎样斟酒

宴会上除主人和服务人员外，其他宾客不宜随便给他人斟酒。斟酒者和自己身份一样或者比自己高时，应该起身站立表示感谢。

大型宴会由服务人员斟酒。斟酒一般从位高者开始，然后按顺时针方向斟。不需要加酒时，可以把手挡在酒杯上，说声"不用了，谢谢"，一般就不会勉强你。

他人斟酒，你也可以回敬以"叩指礼"，特别是自己的身份比主人高的时候。即以右手拇指、食指、中指捏在一起，指尖向下，轻叩三下桌面表示对斟酒者的感谢。

学员小曹说，听了我的课才知道原来"叩指礼"是表示感谢。他一直以为是"再倒点儿，再倒点儿"，以前因此闹过几回笑话：给客人斟酒，人家一直行"叩指礼"，他一直倒，直到"满溢"为止……

酒倒多少合适呢？中式白酒和啤酒可以斟满，以示尊重。红葡萄酒，约斟 1/3 杯；白葡萄酒，约斟 2/3 杯。

怎样敬酒

敬酒分为正式敬酒和非正式敬酒。正式敬酒，由主宾、主人在宾主入席后、用餐前敬。一般由主人先敬，同时说祝酒词，这种祝酒词内容可以稍长点，但也应在三五分钟内讲完。而非正式敬酒，只要在正式敬酒之后就可以开始。但要注意是在对方方便时，比如对方当时没有和其他人敬酒，嘴里没有食物。而且，向同一个人敬酒，应该等身份比自己高的人敬过之后再敬。

重要客人或主宾，可以回敬主人一杯。人数不多时，即使普通客人，在主人敬酒后也可以回敬。一般情况下，他人给你敬酒的时候，不要同时给对方敬酒，至少在喝过对方敬的酒之后，稍作休息，再回敬对方。

敬酒，一般按年龄大小、职位高低、宾主身份为序：先高后低、先宾后主。如果分不清或职位、身份高低不明确，可以按统一的顺序敬酒，比如先从主宾敬起，顺时针敬一圈。同时，现场如有身份比自己高的同事在座，应该后于他们向主宾敬酒。（如图 6–2 所示）

敬酒举止

无论是主人还是来宾，在座位上向集体敬酒，首先站起身，手拿酒杯，面含微笑朝向大家。

当有人向集体敬酒、说祝酒词时，应停止用餐或喝酒；提议干杯时要端起酒杯站起来，互相碰杯。按惯例，敬酒不一定喝干。即使平时滴酒不沾，这时也应抿上一点，以示尊重。

除了主人，主宾或有一定身份的来宾也可以向集体敬酒。来宾

图 6-2　餐桌敬酒注意礼宾次序

的祝酒词可以说得更简短，甚至一两句话也可以。比如：“各位，为了以后我们的合作愉快，干杯！”

在主人正式敬酒之后，各个来宾和主人之间或者来宾之间互相敬酒，可以说一两句简单的敬酒词。

面对敬酒，手举酒杯到双眼高度，等对方说了祝酒词或“干杯”之后再喝。喝完后，拿酒杯和对方对视一下，这一礼仪过程才结束。

无论是敬的一方还是接受的一方，敬酒时应注意因地制宜、入乡随俗。酒量欠佳一开始就要诚恳说明，或干脆不要领酒杯，只喝饮料。

主人亲自向你敬酒干杯后，要回敬主人，和他再干一杯。回敬的时候，右手拿着杯子，左手托底，和对方同时喝。干杯的时候，可以象征性地轻碰对方酒杯。

出于敬重，或者对方的身份比自己高，自己的酒杯应略低于对方酒杯。当对方也想比你低，但你不希望这样，可以双手端杯来敬，举杯到对方杯前时用左手轻托对方杯底，快速完成这个过程。当下属向自己敬酒，自己的酒杯就没必要放太低，不然会让下属很为难。和对方相距较远，可以用杯底轻碰桌面以示碰杯，被称为“过电”“上网”。

商务宴请活动中，不宜有太喧闹的氛围。酒是双性的，它兼具水的形状、火的性格。有节制可以交流感情，无节制会伤身误事。所以相对来说，可以适当敬酒，但酒令、划拳不一定适合商务场合。

另外，再表达热情也不可以灌酒，灌酒是失礼、失态的行为。

挡酒艺术

酒力不济，一开始就应诚恳说明，以为接下来的少喝作铺垫。不能在“豪爽”地干过几杯之后才说酒量不行，给人不真诚的感觉。

少喝酒可参考的理由有：准备要小孩（适用于已婚、无小孩者，或要二胎者）、开车、酒精过敏、太太和孩子讨厌自己喝醉酒、医生下了禁酒令等。

有的药和酒“相克”，轻者加重肝脏负担，重者可能引起肝脏坏死、昏迷，甚至死亡。所以在服用这些药之后，不应喝酒。相信和客户解释之后，可以获得理解。这些药有：头孢类抗生素，安眠药，解热镇痛药（如阿司匹林、扑热息痛），降压药（利血平、卡托普利、心痛定、硝苯地平、肼苯达嗪、地巴唑等），抗抑郁药，含有扑热息痛的感冒药，抗过敏药（如强太敏、扑尔敏、赛更啶等）。

挡酒时，总得有一个说辞，不能随便驳了对方面子。诙谐而幽默的挡酒词有：

万水千山总是情，少喝一杯行不行？

来时夫人有交代，少喝酒来多吃菜。

危难之处显身手，兄弟替哥喝杯酒。

酒逢知己千杯少，能喝多少喝多少。

酒量不高怕丢丑，自我约束不喝酒。

只要感情有，喝啥都是酒。

……

喝酒的时候，还有一些办法能让自己少喝，但要谨慎使用。

女士在喝过几杯酒之后，可以暂时离席，去洗手间给自己的两颊打些腮红，以显得自己有些醉意，或者被认为是酒精过敏，这时大家往往也就不会再灌酒了。

每次干杯时，杯里都留一点酒，这样下次倒的时候就会少倒一些。

干杯后，不要马上咽下去，找机会用湿毛巾做轻轻擦嘴的动作，把酒吐在湿毛巾上（当然必须是白酒），再适时示意服务人员换毛巾。但湿毛巾不能换得太频繁，否则假喝酒太过明显，容易让人反感。

上面提到的最后两种方式，是在即将醉、万不得已的时候才用。一开始就这样，显得为人太虚假了，俗话说：酒品如人品，还是要谨慎使用。

祝酒词

正式祝酒词是在宴会开始，主人表示热烈欢迎、亲切问候、诚挚感谢，客人答谢并表示衷心祝愿的应酬之辞，是招待宾客的一种礼仪形式。内容围绕酒宴的中心话题，包括感谢来宾、举办这次宴会的原因，提议干杯等三部分内容。

正式的祝酒词例文如下：

女士们、先生们：

晚上好！

“×× 展销会”今天开幕了。今晚，有机会和各位朋友欢聚一堂，我们感到非常荣幸。我谨代表 ×××× 公司，对各位朋友的光临表示热烈欢迎！

“×× 展销会”自开办第一届以来，已引起社会各界的高度关注，逐渐成为 ×× 行业的盛会。本届 ×× 展销会的举办，为来自全国各地的 ×× 行业朋友提供了学习、交流的好机会。我相信，“×× 展销会”在推动 ×× 领域的进步和发展中将起到积极作用。

今晚，各位朋友欢聚一堂。希望大家广交朋友，寻求合作，共同度过一个愉快的夜晚。

最后，为“×× 展销会”的圆满成功，为朋友们的健康，干杯！

餐桌交际礼仪

餐桌是营销活动的延伸场所。只是要把握度，以最佳的表现达到最好的交际效果。

基本举止

出于礼貌，主方应在主宾落座之后再坐。客方如没坐下，主方有主动邀请其入座的责任。其他人也应在主宾及主人落座之后再坐。

"主不动，客不食"。客人不应主动先动筷，而主人应识趣地尽快"动手"，避免客人尴尬。

在主客或主要领导、年长者动筷后下属、年轻者再动筷。

当主客谦让、不下筷子，主人有给客人让菜的义务，但让菜并不意味着替人夹菜。最好是让菜不夹菜，不得已时用公筷、公勺。

当餐桌上的主、客有身份高低、长幼之分时，上菜时先请主客或者长者品尝。

餐桌中间的转盘要顺时针转，新上的菜应先转到主宾面前。

养成不非议他人点的菜的习惯。

不要埋头吃饭

商务宴请场合重在交际，不管你是主方还是客方，哪怕只是"小角色"，都有交际的责任。所谓饭局，目的就在于交流沟通，而非只是填饱肚皮。

主宾或主人，餐桌上的积极沟通当然是义不容辞的责任。其他人，像第二主宾、第二主人，同样要不时接过话题。而其他陪同人员，在可能冷场时，都应积极参与；已经冷场时，应该及时救场，发起话题，调动氛围。其他人应关注发言者，并不时照顾身边的人，适当让菜。

不要专注个别

餐桌不是交际场合吗？于是很多人在餐桌上非常"用功"，从始至终地在交际——和主宾交际。这是不少人的误区：主宾尽兴，就达到效果了。

餐桌上的每个人，在团队里都有不同分工，不一定就是主宾一言堂。况且“三十年河东，三十年河西”。今天被你怠慢的，可能就是明天的“主宾”。来者都是客，不管对方什么身份，都不应有所怠慢。你可以多和主宾交流，但要照顾到其他人的情绪，让其他人有发言的机会，和他们做适当交流，哪怕是眼神关注。只和个别人说话，把其他人当空气的做法会让人反感。

餐桌上聊什么

钱钟书先生在其《吃饭》一文中说：“吃饭有时候很像结婚，名义上最主要的东西，其实往往是附属品。”也就是说有时候吃饭讲究的其实不只是吃饭本身，更主要的是情感交流。商务宴请最是如此。

商务宴请中，只有合适的话题，才能为客户交往起到良好的加分作用。什么话题才能说得恰当、讲得适宜呢?

恰当的话题

无论组织还是参加宴会，都应提前对参加宴会者的情况做一些了解，这样可以事先准备一些合适的话题，用餐时就不愁没话说。

尽量多谈论大部分人都能够参与的话题，因为个人的兴趣爱好、知识面不同，所以话题尽量不宜太偏、太专业，这样其他人才有参与的积极性。

话题首选轻松的、“万金油”式话题，如天气情况、旅游观光、风土人情、文艺演出、流行时尚、文学、艺术、历史、经济等。这一主题的前提最忌讳不懂装懂，贻笑大方。对于专业性较强的内容，向客人中懂行者请教然后倾听也是很好的方式。

可以选择和工作专业相关的话题。比如向对方请教他们行业情况；或者如果对方有兴趣，向对方介绍自己本行业的情况。

时事新闻。时事新闻都是大家关注的，这样的话题容易参与，但切忌加入过多的个人感情色彩。

谈论共同感兴趣的话题，比如都爱好美食，就谈论美食；如果都在投资股票、基金，谈论基金是非常好的选择。

谈论故乡。在中国人看来，稍加熟悉之后，询问对方是哪里人并不认为不礼貌。同时，知道对方是哪里人之后，谈论对方的故乡，比如故乡的名人、名景、名吃，是对方非常乐意听到的，也愿意谈论的，其他人也同样有兴趣洗耳恭听。

共同的经历。如果都毕业于同一所学校，或者在同一个地方生活过，谈论这样的话题不愁没有话说，同时也能大大拉近彼此距离。

也可以根据年龄选话题。青年人血气方刚，一般说话少有顾忌，夸夸其谈，但见解不一定正确；中年人社会阅历较多、心理压力较大，内心世界要复杂得多，一般讲话比较谨慎，在话题的选择上也更实用些，如了解社会治安状况、时事动态等；老年人阅历丰富，见多识广，但一般都沉默寡言，很少流露，只有在激发对方的兴奋点（如“想当年”的话题）时，才会海阔天空、滔滔不绝。

禁忌的话题

“酒逢知己千杯少，话不投机半句多。”餐桌上哪些话题不宜选择呢？

政治等敏感话题，以及有可能引发争议的话题。

有异性在场时，说黄色笑话，或讲八卦流言。

议论第三方，特别是第三方的负面“新闻”。

讲有关疾病、不卫生、污染等可能影响食欲的话题。

议论他人的不幸遭遇，而且没有任何同情。

在餐桌上高调地谈论自己如何获得成功，没有任何谦虚的语气。

在客户面前，谈论本单位本行业的高利润。

个人的婚姻、收入、女士年龄、个人生活等隐私问题，不是关系泛泛者能谈论的。

总是主动提及营销工作。这样让人家觉得你功利性太强，从而产生戒备心理。而一起吃饭是为了联络感情，接近距离。关系近了，有了更好的信任度，自然更利于营销工作，签单也是水到渠成的事。

注意的事项

咽下食物再说话，不要一边咀嚼一边说。看到他人正在进食应等一等，先别和他讲话。

餐桌上的谈话，可以适当诙谐幽默，这样不仅能调节气氛，更能给他人留下深刻印象，无形中对你产生好感。

说话应注意控制音量，不大声喧哗或隔桌叫喊。

应和餐桌上尽可能多的人特别是左右邻座交谈、做眼神交流，避免只和个别人耳语，即使你要耳语的是你关键客户也应避免，否则会给其他人一种被排斥感。（如图 6–3 所示）

高兴之余，笑闹须有节制，不能拍桌子敲碗。

餐桌上的交谈，不宜录音、录像，或记录。如有必要，应该先获得对方的首肯。

想谈工作上的事，应注意在客户心情好的时候，顺便提几句就好，对方自然心里明白。

葡萄酒品鉴礼仪

葡萄美酒夜光杯。葡萄酒的饮用方式和中式酒有很大不同，喝葡萄酒一般称为“品酒”，意味着这是一项重在欣赏和品味其意境的方式，开怀畅饮是大忌。对点酒、开酒、品尝等，都有其独特的讲究。而那种葡萄酒中兑雪碧，只是极个别人的个人爱好，同时也破

图 6-3 餐桌不是耳语场所

坏了葡萄酒原有的韵味。

按色泽分为红葡萄酒、白葡萄酒和玫瑰红葡萄酒。但白葡萄酒并非就是白色，只是相对于红葡萄酒而言。

按形态来分有起泡酒和静止酒。香槟属于起泡酒。静止酒就是不会冒气泡的酒，如干红和干白。

按糖度来分又分为干型、半干型、半甜型和甜型。

按酒精度来分，葡萄酒的酒精度一般在8%~14%，而加强型葡萄酒的酒精度在15%~22%。如葡萄牙波特酒和西班牙雪莉酒。前者在发酵中加白兰地，后者则在发酵后添加。

西餐宴会中的酒，分为餐前酒、佐餐酒、餐后酒三种，总的来说就是口味清淡的菜式与香味淡雅的、色泽较浅的酒水相配；深色的禽类肉菜肴与香味浓郁的酒水相配；餐前选用旨在开胃的各式酒品；餐后选用各式甜酒以助消化。

餐前酒，也称为开胃酒，是在开始正式用餐前喝，或配开胃菜。如法国和意大利生产的味美思酒；也有鸡尾酒作为餐前酒的，如血腥玛丽。

西餐里的佐餐酒都是葡萄酒，而且大多数是干葡萄酒或半干葡萄酒。正餐或宴会上选择佐餐酒原则是：白酒配白肉，红酒配红肉。鱼类及海味菜肴和肉类相配的酒有干白葡萄酒、淡味玫瑰葡萄酒，如德国的莱茵白葡萄酒、法国的布多斯白葡萄酒、美国的加州葡萄酒、中国的王朝白葡萄酒等。一般选用半干型的口味。

餐后酒指的是在用餐之后，用来助消化的酒水。常见的餐后酒是利口酒，又叫香甜酒。最有名的餐后酒就是白兰地酒。

点酒，一般由主人点；主人不懂酒时，可以请懂酒的客人代点。也可以把想喝的量、自己的预算、喜欢的口味等基本要求告知服务员，请其推荐。他们会为你做出专业的服务。

葡萄酒的价格从几十元到逾万元的都有，看酒来自于哪个酒庄以及酒的年份。一般不错的法国红酒都来自于波尔多区。在餐厅里你可以点一瓶、半瓶或者论“杯”点酒。

酒送来后，点酒人要检视酒庄名、酒名、年份是否正确。如果以你的酒为荣，可以让客人看看酒标名，因为上面有酒的来历、出生年月等信息，懂葡萄酒的人会据此了解到酒的品质。

餐前至少把白葡萄酒在冰箱里放两个小时，或在有冰水的酒桶中放 20 分钟。

开瓶前先注意酒温（冰）度是否适宜。白酒冰至 8℃ ~12℃，红酒 10℃ ~18℃（夏天气候热，可先冰一下），气泡酒 8℃ ~10℃。开瓶酒前切记不要把酒瓶摇来晃去，以免有沉淀污浊了酒。如在餐厅里用餐，开瓶后可检查软木塞是否有发霉现象，如有就应要求服务人员换一瓶。

开瓶后，服务人员会先倒一点酒给点酒人试喝，试喝人要看看酒的颜色，轻轻地晃晃酒，再闻闻酒香，最后再喝一小口品尝一下，说声“Good”就行了。然后服务人员就会继续添酒。

多年陈酿酒，开瓶后可以要求“呼吸透气”，名为“醒酒”；有的则须用醒酒器“呼吸透气”，再由点酒人试酒。

斟酒的时候，红葡萄酒斟 1/3 杯就行；白葡萄酒斟 2/3 杯，白兰地 1/2 杯；起泡酒分两次斟，先斟 1/3 杯，待气泡稍退再斟至 3/4 杯。

一个杯子不要前后倒不同颜色的酒。

品的时候，持红、白葡萄酒的酒杯方法不同。喝常温（16℃ ~18℃）的红葡萄酒时，用食指和中指夹住杯柱，掌心向上托住杯子；喝冰镇红、白葡萄酒时，手的拇指、食指和中指捏住杯柄，手部不接触杯子，以免影响酒温。杯子放在桌面，手持杯脚，轻轻晃动杯子，使酒液在杯中晃动，让酒和氧气结合，产生香气（晃杯动作只要三五秒钟，不必晃个不停），可以使口感更佳。

把一小口酒含在口中，让酒在嘴里回荡一下，以均匀地感受酒液味道，然后再慢慢咽下。西餐中，大口大口吞咽葡萄酒，是一种失仪。

边品酒边透过酒杯看人、拿着酒杯边说边喝、吃东西的同时喝酒等，都是失礼行为。

西餐的晚宴后通常还会有餐后饮，即餐后再斟上一些特别的饮料：利口酒，白兰地或甜酒，以助消化，也可以是一杯咖啡。餐后饮最著名的还是白兰地，另外还可能是一些上好的甜酒：雪利、波特、马爹利等。这时候也是主随客便，绝不强行劝酒，大家边饮边聊。

餐桌礼仪禁忌

恐怕很多人都遇到过有人因不注意餐桌礼仪而做出让他人扫兴甚至倒胃口的事。商务往来的餐桌，不是在自家的私人场所，所以必须注意举止言行，不做让人反感的事。

用中餐期间身体略向前倾，胳膊肘不能上桌，不要趴在桌上。

站起来夹菜是不雅观的，放在远处的菜要等转到自己面前时再夹。

每次从盘中夹菜后，先在自己的食碟或者碗中稍做停留再放进嘴里。

一定要在餐桌上剔牙时，用一只手或餐巾遮挡，用完的牙签和食物残渣放在一起，不可以叼在嘴里或在手里把玩。剔出来的残渣包到纸巾里，绝不能“二次回炉”。（如图 6–4 所示）

不管筷子上是否残留着食物，都不要去舔、吸。谈话时放下筷子，不能拿在手里挥舞，更不能作其他用途，如剔牙、挠痒等。

不要直接把公勺往自己嘴里送。即便是自己的勺子，也不应吮吸、舔食。食物太烫，不要吹。

别往不用的碗里乱放东西，包括不用的餐巾纸。

图 6-4　牙签不可以叼着玩

食物残渣、骨、刺，不能直接从嘴里吐在食碟上，应用筷子或手协助。

餐巾即口布，是用来擦手、擦嘴的，而不是用来擦拭筷子、擦汗、擦鼻涕和污渍痕迹的。

取食菜肴时，不要翻来覆去，或在菜盘内挑挑拣拣，甚至夹起来又放回去。

咀嚼食物时不要说话，避免叭叭作响的咀嚼或吞咽声。

不要只吃一道菜，即使有自己不喜欢的菜也要适当品尝一下，特别是他人点的菜。

餐桌上避免当众清嗓子、吐痰、擤鼻涕。

避免不好的零碎动作，比如抖腿、打哈欠、抠鼻孔、抓头皮等。

餐桌上忍不住打嗝、咳嗽时，赶快用餐巾捂住嘴，头转向一边，事后对旁边人说声“对不起”。

中途需要去洗手间，可以简单地说“打个电话”“失陪一下”。

不要当着客人的面砍价或付款。买单也叫“埋单”，就是要“埋”着买单，悄悄地处理好。

营销人员是为了联络客户感情而请客，所以必须控制好酒量，不应该喝醉失态。

大型宴会，做客时，不能刚吃完饭就马上走人，应在主宾之后提出告辞。

咖啡品饮礼仪

咖啡是欧美国家最重要的饮料。

咖啡可以自己磨好咖啡豆以后用咖啡壶煮制，也可以用开水冲速溶的，但速溶咖啡是咖啡中的“快餐”，并不适合在正式场合喝。喝咖啡时可以加入牛奶和糖，称为牛奶咖啡，也可以不加牛奶和糖，叫黑咖啡或清咖啡。还有一种加威士忌酒的，叫爱尔兰咖啡。餐桌上更讲究喝黑咖啡。这既是一种品位的象征，也可以化解油腻。

西餐中，喝咖啡是压轴戏。喝咖啡可以是用过甜点之后，也可以离开餐桌后改在咖啡厅进行。

咖啡杯一般选用瓷的，有杯耳，下面有咖啡碟。咖啡杯和咖啡碟同时使用。

咖啡匙只用来搅拌咖啡，搅拌好应立即放在咖啡碟外边或左边，不要一直立放在杯内。

咖啡碟的作用是避免喝咖啡时弄脏衣服，如碟里有溢出的咖啡，可以用纸巾吸，并同时擦干杯底，但不要端着碟子喝或泼到地上。

现在很多闲暇场合，越来越多的只有单个咖啡杯。这时候咖啡匙怎么放呢？直接放在桌上、桌布上、杯垫上？都不行。可以放在黄油盘子或者手边其他盘子上。如果都没有，可以直接要一个小盘子来放咖啡匙。

给咖啡加奶和糖，则先放糖后放奶，这样能让咖啡的热度充分融解糖。

给咖啡加糖时，砂糖可用咖啡匙舀取，再加入杯内。方糖，先用糖夹把糖放到咖啡匙上，再用咖啡匙把糖加进杯内。即使咖啡中的糖长时间没有融化掉，也不要用咖啡匙捣碎。

宴会场合，不习惯咖啡加糖或牛奶，告诉主人或服务人员点“黑咖啡”就可以。

冲泡咖啡应先烫杯。咖啡入口温度在 61℃ ~62℃最理想，所以冲泡后 10 分钟内饮用口感最佳。喝花式咖啡如泡沫味咖啡、摩卡咖啡时，应随时用纸巾把唇上沾到的奶油或泡沫擦掉。

刚刚煮好的咖啡太热的话，可以用咖啡匙在咖啡杯中轻轻搅拌使之冷却，或者等待其自然冷却，然后再喝。用嘴吹凉是不雅行为。

拿咖啡杯优美的方式是用拇指和食指捏住杯耳，再轻缓将杯子端起。身体离餐桌较近时，就上身挺直，右手握住杯子，靠近嘴就行了。不要双手握杯喝，也不要俯下身子趴在杯上喝。如离餐桌较远，用左手把咖啡杯、碟一起端至齐胸处，然后左手持碟不动，右手拿着咖啡的杯耳端着杯子慢慢往嘴里送。喝咖啡忌讳大口吞咽、响声大作，而是讲究温文尔雅地小口品味。注意不应过量喝，一般一天不应超过三杯。

用咖啡待客时，不能用有破损或裂纹的杯碟待客。杯子一定要干净，不能有茶锈、咖啡垢或者口红印。给他人端咖啡的时候应用右手；咖啡上来时，应放置在饮用者的正面或右侧，杯耳向右。

品茶礼仪及十大名茶

饮茶，饮的是生活态度，品的是人生百味。不管中外，各种场合都有饮茶、以茶待客的习惯。中式茶、西式茶的品饮礼仪，多有不同。

品中国茶

中国是茶的故乡，中国茶文化糅合了中国儒、道、佛诸派思想，独成一体，是中国文化中的一朵奇葩。中国式品茶本身就是极优雅、高境界的艺术享受。

准备工作。茶叶质量的好坏，普通人难以分辨，最省事的方法就是选用传统的名茶。

泡茶最好用山泉水或纯净水，普通的自来水不是最佳选择。如果只能用自来水的话，可以先装好自来水放置三四个小时；或者把自来水烧开的时候，打开盖儿再煮 5 分钟。

品茶应选用陶制品、瓷制品的茶具，这样更能保证茶水的原汁原味。玻璃杯更方便欣赏茶的色、形，但对茶汤的味有减分作用。

怎样冲泡。泡茶的水温根据茶而不同。绿茶类名茶，不宜用100℃的沸水冲泡，一般以 80℃左右为宜。这里说的 80℃的水，是指将水烧开再冷却后的温度。茶叶越嫩、越绿，冲泡水温越要低，这样泡出的茶汤才会嫩绿明亮，滋味鲜爽，茶叶维生素 C 也较少被破坏。而在高温下，茶汤容易变黄，滋味较苦。

泡饮红茶和中、低档绿茶，则要用 100℃的沸水冲泡。

泡饮乌龙茶、普洱茶，必须用100℃的沸滚开水冲泡。如水温低，则渗透性差，茶中有效成分浸出较少，茶味淡薄。

少数民族饮用的砖茶，则要求水温更高，将砖茶敲碎，放在锅中熬煮。其口味醇厚。

冲泡一般的红、绿茶，每杯150~200毫升的水量放约3克茶叶，3~5分钟后就能饮用；普洱茶，每杯150~200毫升的水量放5~10克茶叶，泡5分钟就能饮用；乌龙茶多用小型紫砂壶，每次投入量几乎为茶壶容积的1/2，甚至更多。第一泡1分钟就要倒出来，从第二泡开始要逐渐增加一点冲泡时间，这样前后茶汤浓度才比较均匀。

敬茶：茶泡好后端给客人，切忌用手抓提杯边缘或抓住杯口，正确做法是用左手托住杯底，最好下垫托盘，右手拇指、食指和中指扶住杯身。

闻香：鉴赏茶叶冲泡后散发出清香，包括留在碗盖上的“盖香”。

观汤：欣赏茶叶在冲泡时上下翻腾、舒展过程，茶叶溶解情况及茶叶冲泡沉静后的优美姿态。

品味：品茶讲究平心静气，并非为了简单的解渴，重在品味其中的意境。接过茶后禁忌豪爽地一饮而尽，或喝得咕咚咕咚响。应当慢慢地一小口一小口地仔细品尝。可以从杯口吸吮一小口，茶水通过舌头，扩展到舌苔，直接刺激味蕾，微微、细细、啜啜品味。用盖杯时，遇到漂浮在水面上的茶叶，可用茶杯盖拂去。不小心喝到茶叶，最好的办法是不动声色地吃掉，或悄悄地用餐巾纸包住，而不是吐回杯中。

斟（续）茶：给客人斟茶时，不要等客人喝到快露杯底再加开水，而要勤斟少加。每次加到杯子容量的2/3为宜。大家谈兴正浓时，不能频频斟茶；茶水过淡时应重新添加同一种茶叶冲泡，客人要求更换时除外。

敬茶或斟茶时，遵循身份从高到低、先客后主的顺序。如人较多，就以顺时针方向依次进行。

饮西式茶

西方茶，往往讲究加糖、牛奶或柠檬。喝西式茶，也要像喝咖啡般优雅。

现在流行的清茶，如中国的绿茶、薄荷茶，这些不需要加糖和牛奶。但如果是印度茶、红茶或英国茶就可以加，量多量少由你说了算。

红茶类可以加奶制品则变成奶茶，或加柠檬则成柠檬红茶，但不要加奶又加柠檬，因为酸会使牛奶凝结，使整杯茶看起来不美观。

袋包茶的话，不应一直把茶包放在杯里，觉得茶色够浓之后可以取出来，放在茶杯旁边的茶碟上而不是桌上。觉得茶太浓太苦，可以请服务员加开水；觉得淡的话，就把茶包放回杯中泡一会儿。

中国十大名茶

西湖龙井。产于杭州市西湖区。外形挺直削尖、扁平俊秀、光滑匀齐、色泽绿中显黄，一芽一叶或两叶，一般长3厘米以下。冲泡后，香气清高持久，香馥若兰；汤色杏绿，清澈明亮，叶底嫩绿，匀齐成朵，芽芽直立。

洞庭碧螺春。产于江苏吴县（现苏州市吴中区）太湖洞庭山。银芽显露，一芽一叶，茶叶总长度为1.6~2.0厘米，芽为白毫卷曲形，叶形卷如雀舌，曲青绿色，叶底幼嫩，均匀明亮。冲泡后，味鲜生津，清香芬芳，汤绿水澈，叶底细匀嫩。

白毫银针。产于福建东部的福鼎和北部的政和等地。白毫银针满披白毫色白如银，细长如针。冲泡后，银针挺立，上下交错；汤色黄亮清澈，滋味清香甜爽。

君山银针。产于湖南岳阳君山。由未展开的肥嫩芽头制成，芽头肥壮挺直，匀齐，满披茸毛，色泽金黄光亮，香气清鲜，味甜爽。冲泡后，芽尖冲向水面，悬空竖立，然后徐徐下沉杯底，形如鲜笋出土，又像银刀直立。

黄山毛峰。产于安徽黄山。茶外形细扁微曲，状如雀舌。冲泡后，水色清澈、杏黄、明亮，香如白兰，味醇回甘。叶底芽叶成朵，厚实鲜艳。

武夷岩茶。产于福建武夷山。武夷岩茶属半发酵茶，制作方法介于绿茶与红茶之间。其主要品种有“大红袍”“白鸡冠”“水仙”“乌龙”“肉桂”等。冲泡后，茶条壮结、匀整，叶底软亮，叶边朱红，叶心淡绿带黄。茶汤呈深橙黄色，清澈艳丽，有浓郁持久的“岩骨花香”，饮时甘馨可口，润滑爽口，回味无穷，耐冲泡。

安溪铁观音。产于福建安溪。叶体沉重如铁，形美如观音，多呈螺旋形，色泽砂绿、光润、绿蒂，具有天然兰花香。冲泡后，叶底开展，叶绿红镶边，肥厚明亮，每颗茶都带茶枝。汤色清澈金黄，味醇厚甜美，入口微苦，立即转甜，耐冲泡。

信阳毛尖。产于河南信阳车云山。外形条索紧细、圆、光、直，银绿隐翠，内质香气新鲜，叶底芽壮嫩绿匀整，一般一芽一叶或一芽二叶。冲泡后汤色清绿明亮，香气鲜高，滋味鲜醇。

庐山云雾。产于江西庐山。青翠叶厚毫多，条索粗壮。冲泡后，汤色明亮、叶嫩匀齐，香浓味甘。汤味似龙井茶，但比龙井醇厚。

六安瓜片。产于安徽大别山茶区。叶呈绿色光润，微向上重叠呈瓜子形，一片不带芽和茎梗，色翠绿，香清高。冲泡后，水色碧绿，滋味回甜，叶底厚实明亮，耐冲泡。

“中国十大名茶”说法中，其他版本中还有：祁红（产于安徽祁门县）、滇红（产于云南）、普洱茶（产于云南西双版纳）、都匀毛尖（产于贵州都匀市）等。

八大菜系及代表菜

中国土地广阔，民族众多，各地气候、物产和风俗差异很大。不同地域、不同民族的饮食习惯和口味喜好有很大不同，从而发展出各种各样的特色菜肴。到清朝末年便形成了“八大菜系”。

鲁菜

鲁菜又称山东菜，宋以后鲁菜就成为“北食”的代表。明、清两代，鲁菜已成宫廷御膳主体，对京、津、东北各地的影响较大，现在的鲁菜是由济南和胶东两地的地方菜演化而成的。鲁菜注重突出菜肴原味，以清鲜脆嫩闻名，内地以咸鲜为主，沿海以鲜咸为特色。原料多选用畜禽、海产、蔬菜等，善用爆、炒、烧、扒、炸、拔丝、蜜汁等烹调法，偏于用酱、葱、蒜调味，也擅用清汤、奶汤增鲜，口味咸鲜比较明显。

代表菜有：德州扒鸡、红烧蹄筋、麻粉肘子、红烧肘子、糖醋黄河鲤鱼、扒原壳鲍鱼、蟹黄海参、烹大虾、白汁瓤鱼、红烧海螺、清汤燕窝、奶汤核桃肉、山东蒸丸等。

川菜

川菜在秦末汉初就初具规模，唐宋时发展迅速，明清已富有名气，现今川菜馆遍布世界。正宗川菜以四川成都、重庆两地的菜肴为代表，素以味广、味多、味厚著称，享有一菜一格，百菜百味的美誉。以鱼香、红油、怪味、麻辣较为突出，离不开三椒（辣椒、花椒、胡椒）和鲜姜，以麻辣酸香脍炙人口，为其他地方菜所少有，形成其独特风格。原料多选用山珍、江鲜、野蔬、畜禽。擅用小炒、干煸、干烧、泡、烩等烹调法。

代表菜有：回锅肉、鱼香肉丝、干煸牛肉丝、水煮牛肉、水煮鱼、酸菜鱼、黄焖鳗、怪味鸡、宫保鸡丁、麻辣仔鸡、汽锅鸡、棒棒鸡、麻婆豆腐、清蒸江团等。

粤菜

粤菜又称广东菜，西汉时就有了粤菜的记载，明清发展迅速。粤菜主要由广州、潮州、东江三个地方菜组成。原料广博、追求生猛，素以“天上飞的、地上跑的、水里游的”无一不吃而著称，擅用生猛海鲜及蛇、狸、猫、狗、猴、鼠等为原料。调味有五滋（香、松、臭、肥、浓）、六味（酸、甜、苦、咸、辣、鲜）之别，菜肴色彩浓重，口味清淡、滑嫩、脆爽。

代表菜有：龙虎斗、五蛇羹、五彩炒蛇丝、香酥鸭、盐焗鸡、葱油鸡、荔芋扣肉、潮州冻肉、蚝油牛肉、烤乳猪、干煎大明虾、柴鱼肉羹、葡国菜等。

苏菜

苏菜起始于南北朝时期，唐宋以后与浙菜被并称成为“南食”两大台柱。苏菜是以苏州、扬州、南京、镇江四大菜为代表而构成的。原料以水产为主，注重鲜活，刀工比较精细，尤以鸭制的菜肴负有盛名。擅用炖、焖、烧、烤、煨等烹调法，口味平和，清鲜而略带甜味。其菜品细致精美，格调高雅，浓中带淡，鲜香酥烂，咸中带甜，原汁原味，浓而不腻。江苏菜的组合，除日常饮食和各类筵席讲究菜式搭配外，还有“三筵”之说。也就是船筵，见于太湖、瘦西湖、秦淮河；斋筵，见于镇江金山、焦山斋堂、苏州灵岩斋堂、扬州大明寺斋堂等；全席筵，如全鱼筵、全鸭筵、鳝鱼筵、全蟹筵等。

代表菜有：盐水鸭、板鸭、鸭包鱼翅、卤鸭炖肝、黄焖鸭、三杯鸡、常熟叫花子鸡、松鼠鳜鱼、太湖银鱼、荷包鲫鱼、碧螺虾仁、蟹粉馓子、大煮干丝、蜜汁火腿、酱爆茄子等。

湘菜

湘菜即湖南菜，以湘江流域、洞庭湖区和湘西山区的菜肴为代表发展而成，以其丰富内涵、浓郁地方特色而自成体系。湘菜的特色是选料广泛、品类丰富（有家常菜、筵席菜、药膳菜、乡土菜等）、擅长调味（重酸辣，喜食辣椒，再以酸泡菜做调料）、技法多样（以热烹、冷制、甜调三大烹调技法为主再发展变化）。

代表菜有：东安仔鸡、麻辣仔鸡、汤泡肚、腊味合蒸、湘西酸肉、油辣冬笋尖、冰糖湘莲、红煨鱼翅、红煨鲍鱼、金钱鱼、腊肉焖鳝鱼等。

闽菜

闽菜就是福建菜，起源于福建省闽侯县，以福州、泉州、厦门等地的菜肴为代表发展起来的。由于福建地处东南沿海，盛产多种海鲜，如海鳗、蛏子、鱿鱼、黄鱼、海参等，所以多以海鲜为原料烹制各式菜肴，别具风味。烹调以溜、蒸、炒、炸、煨、炖为擅长，调味偏甜、酸、淡，擅用糟。福州、闽南、闽西的福建菜有不同风味：福州菜清鲜、淡爽、偏于甜酸；闽南菜讲究调料，擅用甜酸；闽西菜稍偏咸、辣，具山区风味特色。

代表菜有：佛跳墙、当归牛腩、醉糟鸡、烧片糟鸡、姜鸡、爆双脆、淡糟鲜竹蛏、酸辣鱿鱼、清蒸加力鱼、太极明虾、香油石鳞腿、荔枝肉、太极芋泥等。

浙菜

浙菜是以杭州、宁波、绍兴、温州等地的菜肴为代表发展而成。其特点为清、香、脆、嫩、爽、鲜。浙江盛产鱼虾，又是著名风景区，山光水色淡雅宜人，所以菜肴也和风景一般漂亮。很多名菜多来自民间，制作精细、变化多端。烹调技法擅于炒、炸、烩、溜、蒸、烧，烹调河鲜很独到，突出主料，注重配料。

代表菜有：杭州酱鸭、虎皮全鸭、西湖莼菜汤、东坡肉、干菜焖肉、荷叶粉蒸肉、清蒸鲥鱼、西湖醋鱼、生爆鳝片、龙井虾仁、鱼头豆腐、大汤黄鱼、宋嫂鱼羹、爆墨鱼卷等。

徽菜

徽菜是以沿江、沿淮、皖南三地区的地方菜为主而构成的菜系。特点是选料朴实、讲究火功、重油重色、味道醇厚、清雅淳朴、酥嫩香鲜、原汁原味，讲究食补、以食养身，菜式多样、南北皆宜。徽菜以烹制山野海味而闻名，早在南宋时，“沙地马蹄鳖，雪中牛尾狐”，就是当时的名菜了。擅长烧、焖、炖，最能体现徽菜特色的烹调法是滑烧、清炖、生熏。

代表菜有：李鸿章杂烩、符离集烧鸡、雪冬烧山鸡、黄山炖鸽、酥鲫鱼、葡萄鱼、毛峰熏鲥鱼、奶汁肥王鱼、腌鲜鳜鱼、火腿炖甲鱼、红烧果子狸、火腿炖鞭笋等。

小提示大道理

餐桌上的举止是对一个人的礼仪修养最好的考验。你的事业可能会在餐桌上发展起来，也有可能在餐桌上跌落下去。

第七课

客户关系维护

THE
SEVENTH LESSON

他山之石

美国一位女记者陪伴丈夫到东京的公婆家做客。她在东京某百货公司买了一台唱机，等在公婆家试用时，才发现是一台空心唱机，她准备第二天上午十点去交涉。但就在第二天上午9点55分，百货公司打来了紧急电话，听筒里传来的是连珠炮似的一连串日本“敬语”。公司副经理表示马上送一台全新的唱机到她家。

50分钟后，百货公司副经理和一名年轻职员来了。一见面，他俩便俯首鞠躬，表示歉意。

接着年轻职员一面行礼，一面把他的记录簿读给大家听。上面记载着公司通宵达旦纠正错误的经过：当晚连续打了35次紧急电话，查询了东京几十家酒店、“美国快速公司”总部、记者所在的报社、记者的纽约父母家、东京公婆家……

女记者的感受可想而知。该百货公司对错误的处理方式不仅让人感动，而且很好地维护了客户关系。

哈佛商业杂志的一份研究报告指出："再次光临的客户可以为公司带来 25%~85% 的利润，而吸引他们再次光临的因素中，首先是服务质量的好坏。"把新客户培养成老客户，让老客户关系稳定，要让客户感知到服务质量，这其中主要的就是客户关系维护。

客户日常回访礼仪

客户关系维护是为在客户心目中树立品牌形象，同时也为发现问题，及时提供相应服务。营销人员必须明白，尽管我们和客户的关系从某种程度上来讲是一种买卖关系，但要长期维持这种关系，显然不能仅从买卖上实现，当然更不能靠降价来实现。

为了更有效地回访客户，某公司要求营销人员以固定的回访线路，每月在固定的一天里的时间，去回访固定的客户。该公司还规定，回访必须风雨无阻，不能改变，除非客户自己要求改变。这个在外人看来非常死板的制度，却培养了一批忠诚的客户群，客户一致相信这是一家遵守承诺、靠谱的公司，虽然现在网购很方便，但仍然愿为这家公司打 call。

日常回访是客户关系维护常用的方式。回访要注意以下三条：

做好档案信息

在商品或服务售出后，营销人员就应建立起这些客户的档案信息，包括客户姓名、职务，此次订货型号、数量、时间、单价和总价、当时购买的联系人、联系方式（为确保信息的更加有效性和全面性，应该包括手机和座机电话，还有联络地址）、送货时间等。

建立的档案信息还应该包括一些没有购买商品的客户。对这次没有购买但觉得有一定潜在价值的客户，同样也可以回访，以建立良好的关系。

制订回访计划

多久回访一次？回访谁？客户回访有没有充足的理由？回访能给客户带来什么？是以电话还是以上门的形式回访？回访不仅是为了提供服务，更是为了了解客户，随时收集、准确分析、及时反馈本行业市场信息。制订好回访计划后，需要获得客户方的配合，以便实施。

落实回访工作

回访过程中加强和客户的沟通，全面掌握客户情况，关心客户使用情况和所遇维护上的难点，对不同客户进行分类沟通，讲究沟通艺术，努力增进和客户的感情。

注意观察和培养与客户共同的兴趣和爱好，回访中客户进行相关兴趣与爱好水平的“不经意”的称赞，以建立友好的关系。

双方熟悉之后，可以按照一定周期性的非正式联络，比如通过微信的形式，既是回访，又是情感的联络。

回访中遇到节日或者客户方的喜庆日子，都应给予真诚的问候和祝福或是送上精美小礼品。

完善服务式维护

IBM 的年销售额由 100 亿美元迅速增长到 500 亿美元时，IBM 销售经理罗杰斯谈到自己的成功时说："大多数公司销售经理想的是争取新客户，但我们成功之处在于留住老客户；我们 IBM 为满足回头客，赴汤蹈火在所不辞"。

而号称"世界上最伟大的推销员"的乔·吉拉德，15 年中他以零售的方式销售了 13001 辆汽车，他所创造的汽车销售最高纪录至今无人打破。他相信卖给客户的第一辆汽车只是长期合作关系的开端，如果单辆汽车的交易不能带来以后的多次生意就认为是失败的。65% 的交易多来自于老客户的再度购买。他成功的关键是为已有客户提供足够的高质量服务，使他们一次一次回来向他买汽车。

开发一个新客户的费用是维护老客户费用的五倍。老客户是商品良好口碑的主要传播者，是长久利润保证，还会提供更多的合理化建议，另外还能有助于更好地把握市场动态。

怎样让老客户对自己的企业和商品保持足够的信心和好感？营销人员需要做一件事：花 80% 的时间和精力去研究如何满足 20% 的客户的需求，这种满足客户需求的方法应该是独一无二的，应该是难于被对手模仿和超越的，这是企业长久发展的必由之路。

客户口碑效应在于：1 个满意的客户会引发 8 笔潜在的生意，其中至少有 1 笔成交；1 个不满意的客户会影响 25 个人的购买意向。从一定程度上说，留住老客户比开发新客户，甚至比市场占有率重要。

为老客户提供服务时，要注意明确客户需求，细分客户，积极满足需求。

一是实施更多优惠措施，如折扣、赠品，风险管控范围内的更长期赊销等；而且经常和客户沟通交流，保持良好融洽的关系及和睦的气氛。

二是特殊客户特殊对待。根据 80/20 原则，公司 80% 的利润往往由 20% 的客户创造的，并不是所有的客户对企业都具有同样价值，有的客户带来了较高的利润率，有的客户对企业具有更长期的战略意义。所以营销人员要根据客户本身的价值和利润率来细分客户，并密切关注高价值的客户，保证他们可以获得应得的特殊服务和待遇，使他们成为自己的忠诚客户。

三是提供系统化解决方案。不仅仅停留在向客户销售商品层面上，要主动为他们量身定做一套适合的系统化解决方案，更广泛地关心和支持客户发展。或者和客户共同探讨新的需求点，创造潜在的再合作。

四是建立客户数据库，和客户建立良好关系。和客户的感情交流是企业用来维系客户关系的重要方式。交易的结束并不意味着客户关系的结束，在售后还要和客户保持联系，以确保他们的满足持续下去。企业需要快速地和每一位客户建立良好的互动关系，为客户提供个性化的服务，使客户在购买过程中获得商品以外的良好心理体验。营销人员应及时将企业经营战略与策略的变化信息传递给客户，便于客户工作的顺利开展。同时把客户对商品、服务及其他方面的意见、建议收集上来，将其融入销售工作的改进之中。这样，既可以使老客户知晓企业的经营意图，又可以有效调整销售策略以适应客户需求的变化。另外，善于倾听客户的意见和建议，建立相应的投诉和售后服务沟通渠道，鼓励不满客户提出意见，及时处理客户不满，并且从尊重和理解客户的角度出发，站在客户的立场去思考问题，采用积极、热情并且及时的态度对待。

五是为客户提供增值服务。营销人员要清楚自己做的不仅仅是销售，而更应该是致力于帮助客户成功。把自己的职责定位为帮助客户成功时，向客户提供增值服务，才是企业与客户维持长期合作关系的真正秘诀。

其他维护技巧

销售中或销售后，遇到的情况千变万化，维护客户的方式也相应不少。我们再介绍三种方式供大家借鉴。

额外帮助式维护

1978 年 12 月的一天，波音董事长威尔逊的电话铃急促地响起来，来电话的是意大利航空公司总裁诺狄奥，意航一架飞机在地中海不幸失事，急需一架新飞机代替。诺狄奥用恳切的口吻对威尔逊说：“如果贵公司能迅速派一架波音 727 型飞机来，我们将不胜感激。”

波音 727 客机属中型飞机，按当时的行情，订购一架该型号飞机至少需要等 2 年，“迅速”交货实非易事。

怎么处理？他们对波音公司供货表做了一番审查，将客户的要求按轻重缓急重新做出安排。于是，在不损害其他客户利益的前提下，同意了意航的要求，做出一个月内交货的决定。意大利航空公司很快得到了新飞机，意航业务运营正常。

第二年，波音公司收到一份新的订货报告。报告称，意大利航空公司为回报波音公司临危解难的义举，取消了向道格拉斯公司订购 DC10 飞机的计划，转向波音公司订购 9 架波音 747 大型客机，成交额高达 5.8 亿美元。

这份巨额订货单，既没有经过讨价还价、谈判等过程，又没有花费任何促销支出，是公司遵循“客户至上”的原则为其临危解难提供服务的硕果。

销售更是一种服务。这种服务体现在不仅是在正常流程范围内，还包括特殊的服务。而为客户提供帮助性的服务，就是这样一种特殊服务。

当客户向营销人员提出求援时，往往是客户确实遇到了困难。一旦无法得到解决，对他们自己一定有重要影响。更重要的是，这对营销人员来说是一个机遇。如果这个客户以前用的是竞争对手的商品，说明现在竞争对手那边出了状况，无法提供了；或者是客户的这个紧急需求竞争对手无法满足。所以如果这时候能够提供高质量的服务，不仅解决了客户的燃眉之急，更重要的是在这种对比之中，和竞争对手之间孰优孰劣、谁更可靠，不言自明。

所以，面对这种情况，营销人员不能急于说“不”，而应尽可能地替客户考虑，看能不能最大限度地、规定时间内、按质按量地提供出客户需要的商品来。

对营销人员来说，所谓广积善缘想必就是尽可能对客户提供力所能及的帮助，不管是本分的还是额外的。对于客户交往来说，难有真正的吃亏。力所能及之下的帮助，客户看到的是你的认真、热忱、担当，通过这些当然可以想象得到你们双方合作后，你的这些对客户方有利的态度、行为。这样的营销人员，当然受欢迎。

客户不满时的维护

餐厅客人说："这牛排太焦了，我点的是六成熟，这个得十二成熟了吧！"服务人员怎么说？如果仅仅说"先生，对不起，马上给您换！"这本来就是应该的，没什么特殊的地方。而如果端走牛排之后又送上一碟小菜说："对不起，先生，这碟小菜免费，请您品尝，新做的牛排马上就送来"。就冲着这样的服务，客人刚才的不满也会没有了，甚至还会再来用餐。其实不管是什么样商品或服务，营销人员都应有这样的意识：不让客户吃亏，时时替客户着想，绝不让客户的不满继续。

当客户对营销人员或公司的产品、服务不满的时候，正是进行客户关系维护的良好时机。

和客户维持良好的关系，是对企业和营销人员的一大挑战。维护客户是为了和客户保持长期的合作关系。在对客户的销售中，营销人员要记住一定要做到比竞争对手更坚韧，让客户感觉到你与众不同的专业态度和非常在意他的敬业精神。而客户不满时，是体现这种精神和态度的重要时机。越是快速、有效地处理，就越能体现出和竞争对手的区别，越能有效留住客户，并使之成为忠诚的老客户：看到你的真诚、效率和具体情况具体对待的变通。

不管是对个人还是对产品不满，都应从自己一方找原因，找出客户能接受的解决方案、让客户满意。毕竟双方的立场不同。而且对营销来说，客户永远不会错，当你认为客户错时，可能双方的合作也要差不多结束了。

关注情感需求式维护

除了上面的两种维护方式，还有更具人情味儿的维护方式，即对客户情感需求的关注。这一点中的很多内容，我们营销人员都在做，比如逢年过节的问候。

对一些重要客户，还包括对客户大事件的关注、适度参与。比如结婚、乔迁、升迁、寿诞、疾病、子女升学、客户每年的生日、有孩子的客户每年儿童节，都可以用些别具匠心的表示，并且不用特别提前通知，而是算好时间提前快递或亲自送达。

这种情感维护，不在于所表示的有多么贵重，而在于让人暖暖的、细水长流式的坚持。这种方式下的客户关系，必然会像老朋友般的可靠。

客户答谢酒会

举办客户答谢酒会是联络双方感情的良机，交际意义远远大于饮食意义。

准备什么

酒会是加强公共关系及客户感情联谊，所以氛围很重要。为达到酒会的预期效果，同时让客户方便舒适是酒会举办成功的一个标准。在筹备酒会时接待人员应仔细谨慎，周全而不失礼，让客户方便自在。这样的高质量酒会，才能收到良好效果。

（1）鸡尾酒会

鸡尾酒会的形式活泼、简便，利于交谈。招待品以酒水为重，略备一些小食品，如点心、面包、香肠等，放在桌子、茶几上或者由服务生拿着托盘，把饮料和点心端给客户，客户可以随意走动。可以在企业进行重大活动前后举办鸡尾酒会。

一是酒水。鸡尾酒会上的酒品分含酒精和不含酒精两类。鸡尾酒会提供的酒精饮料一般是雪利酒、香槟酒、红葡萄酒和白葡萄酒，也可提供一种混合葡萄酒，及各种烈性酒和开胃酒。

鸡尾酒饮用方法因时令而有所不同。冬天，马提尼和掺入水及苏打的威士忌备受欢迎；夏天，饮用掺入汽水、伏特加和杜松子酒的大杯酒则是时尚之一。不含酒精的饮料至少也应该准备一种，如番茄汁、果汁、可乐、矿泉水、姜汁、牛奶等。这些不含酒精的饮料一般可以起替代含酒精饮料和调制酒品两个作用。

二是点心。鸡尾酒会以酒水为主，食品从简，只有一些点心和开胃菜等，这些食品一般制作精美，味道上乘。常见的食品有蛋糕、三明治和橄榄、烤制小香肠，穿成串儿后再烤的小红肠、面包等。应注意点心或开胃品一定要适合于用手拿着吃。

（2）餐后酒会

餐后酒会也深受欢迎，一般规模较大，常常播放音乐，并准备了场地供客户跳舞。如果有舞会的话，要在请柬中说明。一般都是在用完正餐之后参加酒会，所以餐后酒会通常可以不供应食品。如果是大型或正式的酒会，有时也会安排夜餐。

一是起草答谢酒会策划案。餐后酒会需要精心策划，再逐一实施。策划案中应包括：酒会负责人、协办人、参加人、答谢酒会的时间、地点的落实、酒会发言人及嘉宾、发言时间、准备清单（物品种类、数量及注意事项）、礼品选购、酒会流程等事项。

二是注意人群密度。成功的酒会一般人群密度适中，过于嘈杂和拥挤是酒会的大忌。必须充分考虑场所的容量和通风情况，做出明智的安排。通常情况下，可以把举办酒会主厅周围的房间、阳台、花园等利用起来，以供客人自行调节密度，置身在他们能感觉舒适的场所。

三是熟悉客人。筹备酒会前，营销人员要对参加酒会的客户有一个全面了解，熟记自己客户的姓名以方便交流。如果客户中老年人居多，要尽量考虑到他们身体状况和特殊需求，可以在餐桌旁放适量的座椅。

四是取菜方便。让客户取菜方便，容易找到自己想要的食品也是成功酒会的重要因素。香烟可放在精美的容器中，烟灰缸应该既大又深，并将它们四处放置。果仁、点心之类的食品应方便持拿，最好将其放在碗或盘中，置于房间各处，以方便取用。酒水要准备充足，供应及时。尤其要注意准备无酒精饮料，以便给不饮酒的客户饮用。

五是注意用餐礼仪。营销人员在参加酒会时，既要了解酒会形式松散的特点，又要注意酒会礼仪，了解酒会的餐序、取食规则和各种禁忌，这样才能体现出自身的良好素质，达到社交成功的目的。酒会上用餐，切忌大吃大喝，最好做到合理搭配，取食有度。酒会一般以酒水为主，食品从简，餐序不像正式宴会那么烦琐。用餐时，应依照合理顺序进行，既能保证自己吃饱吃好，又不失风度，免出洋相。鸡尾酒可以在餐前或吃毕甜品时喝。手里可以拿一张餐巾，以便随时擦手。记得用左手拿着杯子，以便随时准备伸出右手和他人握手。吃完后要用纸巾擦嘴、擦手，用过的纸巾丢到指定位置。

营销人员在酒会上用餐时，无论取菜、添取酒，都必须严格做到遵守秩序，礼貌谦让。

时间与场地

确定宴请时间、地点时，要考虑对主、客双方都合适。答谢酒会如果采用鸡尾酒会的形式则时间可以始于 18：00 或 18：30，持续约 2 小时。一般不备正餐，只备有酒水和点心。这类酒会有明确的时间限制，一般应在请柬中写明。

餐后酒会通常 21：00 左右开始，一般不严格限定时间长短，客人自行确定告辞时间。

酒会的场地通常在一个环境相对封闭且有特色的地方举行。根据酒会规模的大小，有的小型酒会可以直接安排在企业的办公场所进行，也可以选择在酒店举办。但酒店有不同的风格，不同的定位，选择酒店的风格要注意与酒会的内容相统一。还要考虑地点离主要参加单位、重要人物的远近，交通是否便利，是否易于寻找，泊车是否方便，等等。

怎样邀约

举办答谢酒会前必须提前邀约，好让客户提前准备，可以用发请柬的方式。不过对于小型酒会，不必非要印制请柬，口头发出邀请即可。大型或正式的酒会，最好印制精美而且专用的请柬。邀请一般应该两周前发出，以给客人留出选择的时间。通常情况下，主办方发出的请柬或口头邀请要适当多于实际筹划的人数，以免出现空缺现象。

酒会邀请函范文：

“贺佳节，迎新春”——×× 答谢酒会邀请函

尊敬的 ×× 朋友：

新年好！

××× 公司为感谢您一年来对我们的支持和信赖，特举办“贺佳节，迎新春——×× 会员答谢酒会”活动。借此表达对您由衷的谢意，共贺 ×××× 年新春佳节。希望今后能与您携手并进，同创未来（凭请柬入场）！

欢迎您届时光临！

时间：×××× 年 × 月 × 日（星期六）17：30 恭候

地点：×××× 单位 ×× 层

×××× 公司

×××× 年 × 月 × 日

商务礼品馈赠

云南一家外贸公司和印度某公司签订了合作协议。为加强双方今后的联系，努力成为密切的商业伙伴，中方决定向印方赠送一批具有地方特色的工艺品——皮质相框。赠送的日子临近时，中方公司一位了解印度习俗的领导突然发现这批皮质相框是用牛皮做的！这在奉牛为神灵的印度是绝对不允许的，很难想象如果将这批礼品赠送给印方会产生什么样的后果。幸好及时发现，才使中国的这家外贸公司没有犯下错误。他们又重新选择了原材料、赶制了一批新相框。结果对方相当满意。

营销工作中，馈赠礼品是正常、经常、必要的一种公关活动。这是为了向客户表示欢迎、表达感谢，同时又巩固、加强了和客户之间的良好关系，从而产生心理上的亲近感。

怎么选礼品

某销售公司中国区的一位营销人员，经常批发一些别致而又不贵的礼品。她去拜访客户时，只要是和她有过沟通或者对她有过帮助的工作人员，她都双手奉上礼品。时间一久，客户单位上至总经理，下到库管等都喜欢她，当然也都支持她的工作，她在该单位的销售工作也非常顺利。

根据双方的关系和对方情况选择礼品。如果关系非常好，往往不会太在意礼品有多大价值，只要是精致、特别就可以。如果双方关系一般、对方身份不高，仅是有一些小的协助，或者为了方便和他所在企业其他人交往，只要送一些别致或实用的小礼品就可以。但如果对方是重要的、有一定身份的商务伙伴，或者本身是好面子型、喜欢穿用名牌者，必须要考虑精美些的礼品。

投其所好选礼品。礼品是沟通情感的载体，都表达馈赠者的特有心意，或酬谢，或求人，或联络感情等。所以，选择的礼品必须与你的心意相符，并使对方觉得你的礼品非同寻常，从而倍感珍贵。实际上，最好的礼品应该是根据对方兴趣爱好选择的，富有意义、耐人寻味。所以选择礼品时要考虑其思想性、艺术性、趣味性、纪念性等多方面的因素，力求别出心裁，不落俗套。

选择大众化的礼品。常见礼品有：名片盒，有些名片盒还附有刻字的服务，刻上客户的名字更有独特性；精美图案组成的台历；咖啡壶、咖啡杯，适合送给有喝咖啡习惯的；金笔、钢笔礼盒、别致的笔筒、桌式玩具、小相框、印章、杂志架；摆饰，选择有激励意味的玩偶。这些都能提醒对方时时想起你的友谊。

送关爱。自制的关爱礼品是世界上独一无二的，用它来表达友谊更是别致。如果真正关爱对方，就会知道什么是好礼品，让客户感受到你随时随地的关爱。

公关部的杨芳在最近的拜访中得知其重要的客户陈总患有咽炎，久治不愈。事后她就把这事一直挂在心上，并多方打听药方。功夫不负有心人，杨芳终于在一位老中医那里找到一剂非常有效的偏方。治好咽炎后，陈总非常感动，不仅成了杨芳的忘年交，更为她带来了不少新的客户。

送信息、知识。日本企业流传一句话："向客户提供有用的信息，是送给客户的最好礼品。"根据客户所处的行业或者岗位，代为订阅一份报纸、一册教材、一本杂志，都能给客户带来启发和帮助，也就是好礼品了。

礼品不是纪念品，所以不应该有本单位的 LOGO、名称信息，那样的礼品，广告意味太浓。(如图 7-1 所示)

现在网购方便，很多人从网上买礼品送人，这无可厚非。但最好不要让卖家直接发给客户，毕竟往往收到的网购商品里面有广告、有价格。这样送人，明显不是周到的做法。

礼品馈赠禁忌

选择前先了解客户的身份、爱好、民族习惯，免得送出不必要的麻烦来。

图 7-1　礼品上忌有单位 LOGO

小石去探望生病的客户单位的孙处长，带去一箱进口的高档苹果以示慰问，哪知孙处长是上海人，上海方言里的“苹果”和“病故”两个字发音基本相同。送苹果是再平常不过的事情，可在此时内心非常敏感、脆弱的孙处长看起来是非常晦气的事情。结果自此之后，孙处长一直对小石抱有成见，更不用说合作了。

中国普遍有“好事成双”的说法，所以凡是大喜事，馈赠礼品都好双忌单。但广东人则忌讳“4”这个偶数，广东话中“4”的发音像“死”，不吉利。颜色上也要重视，白色虽有纯洁无瑕的意思，但在我们中国人看来也代表大悲之色和贫穷之色。同样，黑色也被视为不吉利，是凶灾、哀丧之色。红色，则是喜庆、祥和、欢庆的象征，受到人们的普遍喜爱。还讲究给年长者不能送钟表，给夫妻或情人不能送梨。“送钟”与“送终”，而“梨”和“离”谐音，是不吉利的。同样不能为健康人送药品，不能为异性送贴身用品等。

如不是当面交给，而是快递送，那么就要注意时效性、安全性。不要让人家收到变质的、破损的。这种情况下的馈赠，客户难有感觉不说，甚至会认为你这人办事不靠谱。

注意馈赠时机

把握好适宜的馈赠时机，是达到馈赠效果的关键。一般来说，礼品应当在一见面时就送给对方；如果这时不太方便，也可以在分手道别时再赠送。面对一群人时，只给其中某个人赠礼是不合适的，会让这个人有受贿和受愚弄的感觉，而其他人更会有受冷落、被轻视的感觉。

即使给关系密切的客户馈赠礼品，也不宜在公开场合进行，以免给人留下你们关系密切完全是靠物质支撑的感觉。只有礼轻情义重的特殊礼品，表达特殊情感的礼品，才可以在大庭广众之下赠送。

馈赠的时间可以选择在节假日、喜庆日、生日、探病、婚礼、表达对所提供帮助的感激之情时，这都是馈赠礼品的最佳时机。因为这些时候馈赠不会显得突兀，容易接受。参加婚礼，礼品也可事先送去。祝贺节日、赠送年礼，最好亲自送上门，邮寄是不得已的选择。如果邮寄，应随礼品附上自己名片，或者手写贺词放在信封里，在估计对方即将收到时再打电话告知。

会见和会谈时，准备馈赠礼品，大都选在起身告别之际。拜访、赴宴、道喜、道贺时，如想向对方馈赠礼品，通常选择在双方见面之初。出席宴会时向主人馈赠礼品，可在起身辞行时，也可选择在餐后吃水果时。为专门的接待人员、工作人员准备的礼品，一般见面后尽早赠送给对方。向外宾馈赠礼品时，可以在外宾向自己馈赠礼品之后再回赠；也可以在外宾临行的前一天，去对方所住酒店探访时赠送。

注意馈赠举止

馈赠时应呈站立姿态，双脚并拢，身体略向前倾，面带微笑注视对方，然后用双手捧着礼品送到对方面前。态度平和友善、动作落落大方。可以说“这是我们为您准备的一份礼品，希望能喜欢”“这是我们单位给您准备的礼品，请您收下”等。

切忌说“这是我随便买的”“反正也是别人送给我的”或“反正不值几个钱……”“我们那儿多的是……”等之类的自谦话，这样的“自谦”话现在被越来越多的人反感。当对方夸奖你所送的礼品，报以微笑：“真高兴您能喜欢。”

礼品比较新颖的话，还有必要简略地介绍一下礼品的名称、性质和出产地及用法。如果所赠的礼品有特别的寓意，一定要特别讲清楚，否则就枉费了你的苦心。

小提示大道理

客户关系的维护，需要“走心”，让客户感到你细水长流般的真诚、情谊。而不是让人明显地感觉是为了销售而来拉拢，功利心太强。

同时，不管客户大小、成交与否，都应注意不要让客户感到亲疏有别。所谓人脉，就是这样积累的。

第八课

内部交往礼仪

THE
EIGHTH LESSON

他山之石

孙浩和孙坚是同事，三年前同时入职。从去年开始，孙浩一直是公司的销售冠军，而孙坚却感觉越来越不顺手，已经准备离职。

用大家的话说，孙浩不仅会销售，还会和大家相处；而孙坚却处处和同事闹别扭。

不管哪个部门的同事，大家看到的都是礼貌、客气的孙浩。对来自其他部门的协助配合，孙浩也会让人家感到尊重和感恩。

孙坚呢？有时在客户那儿受了气，就冲同事发脾气；而有时为成交擅自做额外承诺而且事后不汇报，让上司和客服为难。和其他部门的接触，总是用指使和不耐烦的语气，让大家感觉只有他的工作最重要，别人一见他的事就必须放下手头所有的工作来配合他。时间长了，和行政、财务、库管、客服等部门的同事关系都挺糟。即使是本部门的老总，也对他意见很深。

营销是综合性的工作，即使对内也应有良好关系。只有“后院”和谐稳定，对外的营销才能得心应手。

营销部门是一个单位的重要部门，也是牵涉面最广的部门。营销人员，常常需要和单位各个部门、各个层面的同事接触，包括研发、生产、售后、财务、行政，等等。在和不同部门、各层同事交往中，怎样才能达到最佳呢?

与上司交往礼仪

刚参加工作的小馨，她的顶头上司是一位穿着得体、气质高雅的女士，正是小馨向往的类型。于是不久，办公室就有了这样一道风景：小馨和她上司的衣服很相似，连香水味都一样。甚至来访的客人开玩笑地说她俩一定是亲姐妹。让小馨不解的是，上司慢慢对她不再有好态度，甚至在营销工作中常常有意为难。三个月后，小馨只好辞职。

上面例子中，作为下属的小馨，不仅没能维护好上司的权威和形象，还有意撞衫，使上司时时处于难堪之中，这不是称职的下属。上司是一个部门或单位的灵魂。尊重上司，是下属的天职。

适时汇报

适时汇报工作，这是建立上下级关系的基础。营销工作进展到一定程度，或者遇到会影响营销工作进度的重大困难，都应主动汇报。让上司随时掌握工作进度，或者请上司提出意见，以便上司掌握全局。

实际上，很多下属在这方面做得远远不够。我见过不少营销人员，工作进度，工作中的问题，都不习惯汇报，非要逼上司主动要求他们汇报；遇到问题，汇报的时候一味追问上司怎么办，而没有自己的想法或解决方案，恨不得天天都让上司手把手教。这些肯定都是不称职的表现。

甚至有的营销人员，自认为销售业绩突出，感觉连火星都容不下自己了，更别说向上司汇报工作。这样是无知、短视的表现，只有懂得并尊重职场伦理，才是真正的大将之才、帅才，而不是只着眼于寸光。

不乱传话

每个人都有自己的缺点和隐私，只是缺点大小不同，或者隐私是否为人所知而已。和上司在一起久了，大家都熟悉，难免会知道上司的一些缺点或隐私。这些事情绝不应该作为同事间茶余饭后的谈资四处扩散。这是对上司人格的起码尊重。

上司也是人，所以和认为关系比较亲近、信任的下属交往时，难免会不经意地透露一些尚未公布或者尚未正式形成决策的事情。

“有幸”听到，就让猛料在你这里烂掉好了，而不应四处传播。否则，既不利于单位的安定团结，影响单位形象，又会影响单位的决策，甚至产生不良的社会影响。

在老版的电视剧《亮剑》中，师长李云龙在原配夫人牺牲多年后，与护士小田坠入爱河。李大师长亲自来田家提亲，田父不同意这门亲事。李云龙说，那就一直站在田家院子里直到田父同意娶小田为止。李云龙严肃地对他的警卫员说：“这是我自家的事……这件事情绝对不允许你告诉别人。”

试想，如果这件事情被其他战友知道，就会变成大家茶余饭后的笑料，难免会使李大师长尴尬。实际上警卫员事后也没乱传，这也正是尊重上司的体现。

不越职权

不越职权行事，也是尊重上司的表现。

通常情况下，每个人只有一位直接上司，一般应只向直接指挥自己的上司请示和汇报情况，不应越级请示汇报，也不应接受多头领导。没有获得授权，更不能代替上司行使本属于他们的职权。

不越职权，还体现为要服从工作安排。下属应服从上司的安排，即便有意见或不同想法也应执行，对上司指挥中的错误可以事前或执行中提出建议，这是形成高效能指挥系统必不可少的条件。

从某种意义上说，不越权就是支持、尊重上司的具体体现。支持上司，重在表里如一。把本职工作做好了，认真完成上司所下达的各项任务，就是对上司最大的支持。日常工作中切忌阳奉阴违、口是心非。

也包括在营销工作中，严守自己的职责范围。正常情况下，不可以为图一时方便而越过主管、上司，自行其是。比如报销制度、请假制度、对客户的重大让步、擅自承诺等。

维护权威

一线营销人员，往往能第一时间了解市场、客户反馈，也能发现单位包括市场战略在内的相关事项的问题。这些对战略的制定可能有一定借鉴意义。所以营销人员可以收集整理向单位、向上司反馈，而非只是发单位的牢骚。

另外，在工作交往中，发现上司有错，应避免当众纠正。错误不明显、无关大碍、其他人也没发现时，可以“装聋作哑”；错误确有纠正必要时，找一种能使上司意识到而不是当众纠正的方式。那种发现问题不说，出了问题再放马后炮的行为，是非常让人厌恶的。

上司考虑的是全局，难以事必躬亲；并且上司也是普通人，难免出错。当上司理亏应给台阶下，不必非要较真。

提建议时讲究方法，考虑场合。避免当众提建议，可以在上司不忙、没有其他人在场的时候。提建议时不要急于否定上司原来的想法，而要先肯定上司的想法，然后有理有据地阐述自己的见解。

公众场合或对外交往中，下属应处处尽可能维护、尊重上司，突出上司，避免抢风头。

小姜参与了公司的一项重要项目，很快攻克了公司久攻不下的技术难关。公司老总拍着他的肩膀夸他能干。小姜却看着他的部门领导，对老总说："如果没有我们李经理的大力支持，我也不行！"（如图 8-1 所示）

一起参加宴请和聚餐时，请上司先入座、先点餐、先动筷、先敬酒，并做好必要的提醒。

一同外出，下属应主动做好联络、后勤工作，像和客户联系、订酒店、订餐、开发票、联系车辆、订票等这些小事儿。而小事儿正是一面镜子，这都是尊重上司，专业敬业的具体表现。

应对批评

"常在江湖飘，哪能不挨刀"。上司有上司的思路想法，你有你的见解，所以难免有偏差而受到批评。

下属必须理解：或许上司批评的分寸、口气、方式等不一定适宜，但出发点都是对营销工作负责，把工作做好，避免出现差错、损失，希望下属的工作尽善尽美。所以必须克制、缓解自己的对抗情绪，表现出应有的气量，不顶嘴的同时还要表现出你的接受。重点了解上司在批评什么，把批评当作教导，努力改过。上司批评你，说明关注你、重视你。如果连批评都不批评了，那你很可能被边缘

图 8-1　注意维护领导尊严

化了。上司批评得不对，就当是在表达不同意见就好，认为有委屈的可以私下解释。

与同事交往礼仪

新来的职员史蒂芬最近成了大家议论的焦点。她穿着时尚而个性，一星期的衣服每天都不重样；午餐从不和大家在一起吃；不管是公司还是部门组织的活动，都不闻不问不参加；如不是同事的再三要求，工作上从不愿主动配合……渐渐地，大家都和史蒂芬有了隔阂，半年后，史蒂芬因营销工作实在难以开展而黯然离职。

我相信，“史蒂芬”绝不是职场个案。正常情况下，要想获得职场成功，除个人能力外，和谐的同事关系至关重要。关系和谐，共享成功喜悦；关系失当，独尝失败苦果。

打成一片

大家都不太喜欢貌似清高的人。所谓清高，就是过于有个性，显得和大家格格不入。比如早上见到同事当作没看见，不愿参加集体活动，平时不管大家讨论什么话题都不发表任何意见或不屑地离开，尽做气氛的污染者。与同事相处，正确的方法是尽可能和绝大多数同事打成一片。合得来的多交往，合不来的适当交往，而不是不交往。交往是为了保持起码的工作情感沟通。

打成一片，还表现在适度关心同事上。遇到同事生日、结婚、升迁、乔迁或做成大单等，都可以表达祝贺；同事身体不适时，表达同情和问候；同事新买的衣服，适时适当地赞美；出差归来，表达问候，等等。

在电视剧《杨光的快乐生活》中，杨光“意外”得了条漂亮的金项链，于是他戴上后，回到公司扬着脖子在每位同事面前晃，但就是没有人给予他所希望的关注。忍无可忍的杨光，只好歪着脖子问同事“项链的项字怎么写”。

团结合作

尺有所短，寸有所长。每个人的性格和做事风格、能力都有所不同，各有长处。一味盯着差异，只会产生分歧与隔阂。共事目的就是为做好工作，所以应把注意力放在共同目标上，求同存异，站在同一立场，把差异放在一边，以求融洽彼此关系，达成共识，发挥各自所长。

“人多力量大”这句话不假，但更重要的是心往一起聚，力往一处使，才能使营销工作完成得更快、更好。一群人在一起，只是团伙；心在一起，才是团队。就像国际巨星云集的巴西足球队，就是这样的一支“英雄”球队，却总和冠军失之交臂，究其原因主要就是喜欢各自为战。

团结合作还包括不推卸责任。工作难免会出现各种原因的失误，或许是第三方的原因，或者是同事的原因、上司的原因……这些都不重要。没有必要把时间浪费在推卸责任、埋怨上，必要的时候单位自然会认定责任的归属。最重要的是如何再把应做的事情做好——这毕竟是共同的利益。

学会沟通

同事之间经常会有工作上的配合，如果没有良好沟通，必然会给工作带来不良影响。必须以积极主动的姿态和强烈的自控意识，与同事进行良好的互动和沟通，使双方相互了解、理解继而信任。

如果缺乏交流，各揣心事，工作中很容易产生分歧、发生矛盾，使本来简单的问题成为双方“僵局”的开始。善于主动沟通的人更容易和同事友好相处，即使工作中出现分歧，也容易相互谅解，避免矛盾。

沟通过程必须摒弃不良习惯，如对他人的诉说表现出不耐烦，以指导或者教训的口吻说话，在其他同事面前对与你合作的同事表达不满，炫耀自己的能力和成果，动不动用上司压人，等等。

注意倾听他人的诉说、了解他人的意愿和想法，不要以为已经明白，即使对同事有一定了解，也必须抱着认真倾听的姿态，耐心了解对方的真实意图。

尊重体谅

或许有的同事的能力不如你，但也不必自以为是，更不要动不动就说教。你可以让大家看到你更出色的工作表现，而不是看到你的自满。满招损，谦受益。尽量做到谦虚、诚恳，以商量、赞许的语气与同事沟通。

取得成绩获得奖励时，在同事面前应保持适度低调，以一如既往的谦虚、谨慎与同事交往，尽可能降低同事的抵触情绪。

不要在同事面前说其他同事坏话。一句“道人是非者，必是是非人”，不要让别人觉得你也是“坏人”。

遇到问题，多试着换位思考、体会。有时角度一变，世界也随之改变。

发现同事心情不好，没有必要非得去撞枪口或针尖对麦芒，而应尽可能理解、迁就。大家关系不错的话，可以主动询问原因，分担喜怒哀乐。而自己的个人情绪，应避免在工作中流露，不要让他人无辜受连累。

即使同事之间也要有时间观念，不浪费他人的宝贵时间。

与下属交往礼仪

职务有高低之分，但人格和尊严都是平等的。敬人者人恒敬之，只有尊重下属，才能赢得敬重，回报以信任和高效的工作。

尊重下属

尊重下属的职权和工作积极性，用人不疑，疑人不用。不插手、不干预，避免朝令夕改。只在必要的时候给予适当协调。即使中途发现问题，也应以询问和建议的方式沟通，切忌直接指导。对下属表现出的能力及时给予肯定、鼓励，下属厉害说明上司的慧眼识才、鼎力栽培。

尊重下属的人格尊严。不要以为弱小就没有力量，不要以为卑微就没有尊严，何况只是工作中的上下级关系而已。批评下属，尽可能避免当众训斥式批评，且注意对事不对人，注意适可而止、注意措辞和语气。批评应具体，不把批评变成借机发泄所有不满或其他情绪，更不能将批评变成对下属人品的质疑。毕竟作为领导者，情商真的很重要。

大凡口碑好的上司，往往都懂得关爱下属。平时也许因繁忙而和下属私下接触不多。但适机聚餐，及逢年过节，结婚、乔迁、升迁等大事的祝福、恭贺，以及病榻上的看望都是博情感的好方式。

面对提意见者

很多上司面对下级提意见时，第一反应就是他们不尊重自己，没事找事。在这样的心态下，不管下属说的有没有道理，都不会理性斟酌，甚至马上出言驳斥，或者表情早就“晴转阴”了。谁愿意是“没事找抽型”呢，即使对工作有益。从此下属也会“多一事不如少一事”了，直到最后上司变成“孤家寡人”。

有风度的领导者，应该允许存在不同意见，并能听得进不同意见。所谓“从善如流”，正是一种难得的人生智慧。而深到骨子里的成熟，是不会轻易批评指责他人的。听意见时首先做出认真并且赞赏的姿态，而不是急着说明。有的下属提意见时话说得不一定中听，但要知道，并不是每个人都懂得语言艺术，所以你是上司而他是下属。

重要的是让下属觉得你能听得进不同意见，提意见时不用看你脸色。这不仅是对下属的尊重、对他们认真工作态度的鼓励，也是对工作负责。营销人员在外跑市场，见惯了各种脸色，还要忍气吞声。如果在单位给上司提意见还要再看脸色，那么极容易打击下属的工作积极性，失去归属感。

作为领导对于正确的意见，表示出会认真考虑并表达感谢；不正确的意见，心平气和地说明理由，但仍要对他提意见的这份责任心表示出赞赏。

以身作则

“其身正，不令而行；其身不正，虽令不从。”表率的力量是无穷的。在一个组织内部，要想达到“令行则止”，最让人信服的办法不是严令，而是上司以身作则。所以工作中如果要求员工做到的，上司理应做到。如果上司说一套做一套，很难让下属信服，这个“技能”下属自然会照葫芦画瓢，久而久之都变得阳奉阴违，没有执行力了。

肯承担责任

习近平同志要求，领导干部要有铁一般的信仰，铁一般的信念，铁一般的纪律，铁一般的担当。

调查显示，大部分的下属都认为好上司应该勇于担当。这个问题同时说明，现实中确实有不少上司给了员工一个不愿意承担责任的印象。这些表现有：当面批评下属、遇到问题首先指责下属等，也就是坏事情都是下属的。位高权大责任重，这三位本来就是一体，有权力必然有责任。一个精明的上司，会努力塑造出敢做敢当、勇于负责的形象。上司都承担起责任了，下属也就心服口服地担起自己的责任。

做好传、帮、带

工作当然更多要靠一线员工。而领导岗位，不管是工作经验、思考的高度，都有难得的优势。自然对大家都负有义不容辞的传、帮、带的责任。有这样意识的上司，才可能有更好的团队文化、营销氛围，才为在市场中更有竞争力，这一切到头来还是说明上司领导有方。

跨部门沟通礼仪

营销工作中，很多事情需要跨部门协作才能完成，但让人头疼的是跨部门沟通常耗费很大精力却达不到预期效果，甚至大家都不痛快。怎样才能融洽跨部门的关系，使跨部门沟通更加高效，更好地配合自己的营销工作呢？

营造沟通氛围

跨部门的双方往往都有一个误区：让对方接受我的观点。当你担心对方不支持你的观点时，就急于把自己的观点强加于对方，希望用这种方式让对方接受。从心理学的角度来分析，这种行为是被一种情绪所驱动，那就是反感。当你向对方强加自己观点，对方也陷入深深的反感情绪，且容易认为会无关他们的目标甚至有损自己的利益。这种情况下，双方对话的氛围就变得不再安全，在这种不安全的气氛中都难平心静气，更谈不上达成共识，所以需要建立让双方都感到安全的良好沟通氛围。

和跨部门沟通、寻求协作中，要开诚布公，让对方了解到这是大家的共同目标、共同利益（不管是眼前的还是将来的），一荣俱荣，一损俱损，而不只事关营销部自己的“小目标”。这样就营造了一个良好的沟通氛围。

注意相互尊重

没有相互尊重就不可能让沟通继续。毕竟各部门都是平行关系，而不是下属部门，相互尊重是协作得以继续的前提条件。当人们意识到自己不被尊重时，自然会本能地开始排斥。毕竟很多时候看来，尊严是第一位的。有的营销人员认为，单位其他部门都靠营销部门养活。于是在平时交往中，这种奇怪的想法不自觉地流露出来，对其他部门的同事不经意间流露出不屑、不礼貌、不耐烦。不是每个人都会有那么高的情商，也不是每个人任何时候都能不计较，这就

给跨部门沟通人为设置了障碍。（如图 8–2 所示）

当其他部门不配合自己的工作时，应检讨自己，然后站在对方的角度去看问题，而不能一味地埋怨、抱怨。需要相互尊重，换位思考。

还包括尊重沟通对象的权力。每位主管都是小部门、小范围的决策者，也期待他人尊重这种权力。所以横向沟通中，一定要注意挑对对象，注意彼此位阶的对等关系。不要越位，也不可以直接去指挥他们的下属办你自己部门的事。

相互尊重，还表现在跨部门沟通中多注意倾听，这既是一种尊重，也是为了解对方的真实想法和意图。不可以争执，不打断对方说话、不插话。

注意中心议题

各部门中因利益点、工作方式、工作内容的不同，往往各有不同的关注点。这种情况下，最怕的就是其他部门不关心、无视本部门的利益。从而容易让跨部门沟通缺乏焦点。

让跨部门沟通聚焦的最好方式，就是呈现具体事实，引导大家把注意力放在中心议题上，减少不当臆测。尽量说事实（如各种数据等），把沟通过程中“人”的因素，降到最低。如果缺乏事实，个人动机可能会遭到猜疑，但“事实就是事实”，它不是出自人的幻想或自私的欲望。所以提出事实“可以创造一种强调议题，而非人身攻击的氛围”。

图 8-2　尊重是跨部门沟通之本

为增加跨部门沟通的成效，最好给其他部门有多元选项，比如一次提出几个方案，让其他部门可以根据各自情况进行弹性调整，有选择空间，不再“非黑即白”，以降低人际冲突。

不要嫌麻烦

跨部门沟通的一个重要原则就是永远不要嫌麻烦。不要以为开了跨部门会议就万事大吉。事后应该随时保持联系，主动了解其他部门的工作进度，掌握最新情况。不要被动等对方告诉你问题发生了，而是主动而持续地沟通，预防问题的发生。常听到人抱怨“事情怎么会这样，为什么不早说？”很多人都有过这样的经验，对方事前都没有主动联系，都是“我以为”，而任由问题扩大，等到无法解决了，才紧急跑来求救，从而损失了大家的共同利益。

还包括跨部门沟通中，不要只借用邮件、QQ、微信这些非正式手段沟通，聊天工具的一个笑脸或是邮件里叫一句“亲”，永远也达不到面对面的那种暖暖的人情味，至少“混个脸熟”，可以为自己赚得情感分。多一点当面沟通，不麻烦。

沟通急救措施

跨部门沟通中，当你伤害到他人，一定要尽快开口道歉，而且必须真诚地表达出来，让对方感受到。承认错误或许觉得没面子，但在道歉过程中弥补了过失还为自己赢得了里子，而且营造了很好的人际氛围。谁都愿意和有担当、懂得尊重他人的同事交往。

当他人误解你的意图时，可以采用一种所谓的“对比澄清”的表述方式，比如说："我不是想来批评你们。我想我们需要尽快一起找到这个问题的解决方案，否则咱们都会继续被这个事情困扰。"然后以事关双方共同利益的方式进行沟通，寻求支持，从而让跨部门沟通更加顺畅。

小提示大道理

内求团结才能外谋发展。营销人员在和同事往来中，涉及经济方面的，AA 制是最佳选择，他人没有义务一直为你"埋单"，这无关金额大小，而是一种态度。

AA 制也包括人家为你埋单后，可能拒绝你的 AA 请求。那么下次你可以在其他方面主动埋单一次。

第九课

国际商务礼仪

THE
NINTH LESSON

他山之石

来自《环球网》2016年的消息。乌克兰总统彼得·波罗申科携夫人玛丽娜去美国参加联大会议，但在机场迎接他们的却是“破烂的地毯”。

查找当时的新闻图片我们可以看到，美国用明显不干净的一块小地毯代替长条红地毯，和一般家门口用来蹭鞋的红色塑料垫一样。这个所谓的地毯小到使彼得·波罗申科总统和夫人都无法一起站在上面。有网友对此评论道，这样的地毯更适合用于卫生间，而非用于迎接总统。

不管是什么理由，这样对待一国元首很显然是不妥的。所以这一事件被很多国际媒体报道、转载，对美国的不得体做法一边倒地批评。

我们营销人员在和国际客户交往中，无论客户所在国大小强弱，对方公司大小，都应给予起码的礼遇和尊重，不应有明显差距。否则，即使有一万个理由，对方看到的只是一个失礼的结果，在选择余地广泛的今天，对方没有非要与你合作的必要。

不同的国家、民族往往有自己独特的民族文化、民族心理以及由此带来的不同礼仪文化。营销人员在国际商务往来中，必须对不同礼仪文化做到一定了解，才能在客户交往中流露出一份自信和从容，获得应有的交往效果。

国际见面礼仪

鉴于文化和传统的差异，世界各地有多种见面礼仪。在国际商务交往中，了解和行使不同的见面礼仪，更显营销人员见多识广的大格局。

拥抱礼

在国外，拥抱礼是十分常见的见面礼和道别礼。

行拥抱礼时，两人面对面站立，各自抬起右臂，将右手搭在对方左臂后面；左手扶住对方右腰后侧。以自己的方向来说，先左侧拥抱，再右侧拥抱，最后再次左侧拥抱。拥抱时，也可以用右手掌轻拍对方的左臂后侧，以示亲切。普通场合拥抱次数一下、两下或三下都行。

拥抱时间的长短，视双方关系亲密程度而定。礼节性的拥抱一般时间较短，双方身体也不必贴得很紧。在欧洲、美洲、澳洲等国家，男女老少之间都可以行拥抱礼。而在亚洲、非洲的绝大多数国家，尤其在阿拉伯国家，拥抱礼仅用于同性之间。

即使在美国这样个性张扬的国度，拥抱也要看场合、关系，并不是任何一个陌生异性之间都可以拥抱、亲吻的。现在的美国，男士即使拍拍女同事肩膀，都有可能会受到警告。

东欧的斯拉夫人十分热情，拥抱的动作最大，热烈而有力，被称为“熊式拥抱”。而拉美人的拥抱如同握手一样普遍。

中东、西欧和非洲的有些民族则有拥抱肩头或脸颊的习俗。在也门，当晚辈拜见或告别长辈，要用双手紧紧抱住长辈的双肩，并尽情亲吻其肩头。而在西班牙，男士见面则有拥抱肩头的习俗。

喀麦隆人、中非人和埃塞俄比亚人则有“拥抱脸颊”的习俗。在喀麦隆，亲友见面时，先握手问候，然后要互贴脸颊以示亲热。为使两人的脸颊紧紧地贴在一起，双方均要用手抱住对方的头用力往自己脸上搂。在中非，要抱住对方的头往自己右脸颊上贴一下，左脸颊上贴两下。在埃塞俄比亚，亲朋好友见面时，总是互相搂住对方肩头，让双方的脸颊频频相碰，接触的次数越多，说明关系越密切。

贴面礼

贴面礼经常和拥抱礼一起使用，主要在欧洲和阿拉伯地区使用，尤其是法国。

行礼的时候，两人面对面站好，相隔大约可以互相拍肩膀、握手的距离，把头伸出去，一边脸稍仰起来，轻轻地在对方同样伸过来的脸上贴一下，同时嘴里发出“啧啧”的亲吻声。注意，只是发出声音而不是真的亲吻。贴脸的次数，两下、三下、四下都有，法式贴面礼贴五下的也有。就自己的方向而言，一般先贴右脸。在阿拉伯地区，贴面礼只限于熟识的男士之间。

吻礼

吻礼分为两类：一类是亲吻礼，即两人面部接触并以吻表达情感的礼节。另一种是吻手礼，是以吻手背表达情感的礼节。

欧美人，特别是意大利、法国、荷兰、德国、美国人，多喜欢“亲吻礼”，但亲吻礼对象不同，亲吻范围界限也不同，“不能越雷池半步”。英国人见面常以握手为礼，很少用到拥抱礼和亲吻礼。

行亲吻礼时，往往与一定程度的拥抱相结合。亲吻礼依双方关系的亲疏程度不同，亲吻的部位也不同。父母及长辈对子女及晚辈一般只吻额头部位；晚辈吻长者，只能吻长者的下颌部位；朋友、同事间一般吻左右面颊；情侣或夫妻之间吻嘴唇，以示爱慕之心；交往不深的男女之间，男士只能吻女士的手指或手背。

阿拉伯国家的吻礼只亲吻对方一边面颊，且仅限于男士之间。

行吻手礼时，男女双方相距约 80 厘米。眼睛注视着对方，男士主动弯腰向前鞠躬，向女士发出吻手礼的邀请。女士如果愿意接受吻手礼，则伸出右手，手心向下，手轻轻向左前方抬起约 60°。男士则抿住唇部在女士手背上轻吻一下，再将手缓缓松开，礼毕。手腕及其以上部位是行礼的禁区。如果女方不伸手，则不宜行吻手礼，但如果女士在行吻手礼后有擦手的动作，则是对行礼男士的莫大污辱。行吻手礼时要一视同仁，不能厚此薄彼。

在英国，任何男士都不允许向英国女王行吻手礼，否则会被认为是一种冒犯。俄罗斯前总统叶利钦不顾英国王室禁忌而强吻英国女王的手，让英国人尴尬至今。行吻手礼仅限在室内，在街道上或是车站、商店等公共场合都不适用。

合十礼

合十礼，就是双手十指并拢相合为礼。双掌十指在胸前相对合，手指并拢向上，掌尖与鼻尖基本持平，双手掌尖略向前倾斜，双腿站直，上身微欠，低头。行礼时，合十的双手举得越高，越体现出敬重对方，但原则上不高于额头。

行合十礼时，可以口诵祝词或问候对方，也可以面含微笑，但不能反复点头。在东南亚、南亚信奉佛教的地区以及我国傣族聚居区，合十礼使用普遍。

鞠躬礼

鞠躬礼，在国内，除服务岗位的接待场合外，主要适用于向他人表示感谢、领奖或讲演之后、举行婚礼或参加追悼活动等。

行鞠躬礼时，脱帽立正，双目凝视对方，然后弯腰、上身前倾，女士双手自然相搭在小腹前，男士双手自然放在体侧。下弯的幅度越大，所表示的敬重程度就越大。对于鞠躬的次数，三鞠躬使用场合比较严谨，一般用于深切的缅怀哀痛场合，比如追悼活动。

日本、韩国、朝鲜，鞠躬礼应用普遍。

中外寒暄多不同

詹莫斯·尼芮是新闻记者，她刚刚从北京回到纽约总部。在办公楼乘电梯时遇到了一位中国同事，她笑着跟中国同事打招呼，这位同事关切地说："詹莫斯，你胖了！"詹莫斯·尼芮说，如果她以前没有来过中国的话，中国同事说了这样"关切"的话，可能会让她顿时瞠目结舌、产生误解。她现在知道了，中国同事这样说不是对她无礼，那只是向她表示友好和关心。

寒暄闲聊中，中外差别尤其明显。

我们中国人热情好客，在人际交往中饱含热情和坦诚，嘘寒问暖时似乎没有可保留的。像年龄、职业、收入、婚姻状况、子女等，觉得都是理所当然的闲聊话题，而且觉得这样是在表达自己的关爱之情，这是对方的幸遇，并不是谁都能获得这样的待遇。

我们常说的"去哪儿""忙什么呢""吃了吗"等，都只是类似于"你好"的寒暄语，对方其实不必具体回答。但如果这样来问候国外人士，就有干涉他人私事的嫌疑，显然会让对方无法接受。而

“吃了吗”这句话，在外国人看来和打招呼没关系，他们会从字面理解，认为你是邀请吃饭。如果他们确实还饿着肚子，就会真的跟你去吃饭了。（如图 9–1 所示）

比如所买物品的贵贱，在我们看来同样是寒暄闲聊的话题，甚至就此聊到其他话题。但在外国人看来，如果询问所买物品的价格，会认为你是在探问对方的经济条件、能力而招致反感，所以同样是不能用来寒暄、闲聊的谈资。

在国外特别是西方国家，像年龄、家庭地址、工作单位、收入、婚姻、家庭、信仰、个人行为动向等话题都是隐私范畴，忌讳他人问及，不能用来寒暄。我们经常在国外的影视作品中看到，即使是好友之间，想问个人婚姻状况时，也往往支支吾吾半天后才说“我知道，我不该问你的私事。你知道，我只是想关心你。不知道你现在……”

外国人特别是西方人见面时，如果是上午则说“早上好”，下午则说“下午好”，傍晚则说“晚上好”。和熟人打招呼则说“你好”作为开场白。谈论天气显然不存在干涉他人隐私这样的问题，所以，寒暄时使用最频繁的话题就是天气的状况或预测“今天天气看起来不错”，然后再谈及其他，如所处环境、正在做的事情（如电影、图书、其他商品等的评价）、个人爱好、体育、音乐、电视节目，或者共同感兴趣的话题。

图 9-1　不宜用吃了吗和外宾寒暄

不要盲目谦虚

美国朋友盖特告诉我，他刚来中国工作时，觉得中国人的能力太差了。看到我面露不悦，他赶紧解释：刚接触中国同事时，以为中国人的工作能力很差。因为他听到中国同事满口都是“我试试吧”“我做得不行”“我尽量”。盖特说，时间一久，他才发现原来这是中国人的谦虚文化。盖特坚持告诉我：这种谦虚的语言方式容易给中国人和外国人的交流产生障碍，至少他及美国籍同事都这么认为。

赞美不仅能使人的自尊心、荣誉感得到满足，更能让人感到愉悦和鼓舞，从而会对赞美者产生亲切感，使彼此关系更加亲近。

中国人和外国人尤其是西方人在对待赞美的态度上大不相同。中国人认为谦虚谨慎是一种美德，习惯于委婉、含蓄地表达自己的情感，直接表达显得唐突、失礼；得到赞美时又要表现出谦虚的样子，即使内心接受，即使心里乐开了花，也不能正面承认，否则就会被认为“王婆卖瓜，自卖自夸”。

外国人特别是西方人，一般不喜欢谦虚，习惯于坦率、大方、直接地表达自己的情感，无论是赞美他人还是被他人赞美。被赞美时会欣然接受并表示感谢，认为这样是在表明自己认为对方的赞扬是诚心诚意的，其所赞扬的事是值得赞扬的，应该接受。这既是肯定自己的能力，也是肯定对方的眼光。对于中国人谦虚的回答他们反而认为无法接受，要么认为是没有能力的表现，要么认为不诚实。

外国人还常把赞美作为双方交谈的引子。赞美的内容主要有个人的外表、新买的东西、个人在某方面的出色表现等。通常称赞他人的外表时只称赞对方努力打扮的结果，而不是他人的天生丽质，因为天生丽质只是父母给的而不是自身努力的结果。所以赞美发型的很多，而赞美漂亮头发的很少。

在对待赞美时用词上也有明显的差异。中国文化一向把谦虚视为美德，当一个人受到赞美或夸奖时，我们往往会否定对方的赞美之词，贬低自己一番以示自谦。往往会说：“不，我还差得远呢！”或说：“不敢当！”“我不行。”之类的话。如“您的法语讲得很棒”。中国人的回答往往是：“过奖了，马马虎虎吧。”“菜做得真好吃。”“随便做的，做得不好，凑合着吃吧。”而外国人总是高兴地回答“谢谢”以表接受。如“您法语讲得很好”。外国人的回答往往是：“谢谢！”“菜做得真好吃。”外国人的回答往往是：“很高兴你能喜欢！”表现出一种自信的信念。很多外国人甚至把过谦视为自卑，是在他人面前显示自己是无能之辈。

江教授邀请即将回国的几位来华访问学者到家里做客。为表示热情，擅长厨艺的江教授亲自下厨忙活了大半天。当这些外国客人看到满桌色香味俱全的菜肴时，纷纷予以赞美。面对赞美，江教授客气地说：“也没啥好招待的，随便做了几个小菜，大家就凑合着吃吧。”客人原本兴奋的表情这时似乎多了些诧异。

我们请客吃饭，不管菜品多丰盛，总要谦虚几句。这些客套话外国人听了心里可能会不舒服：你不拿好菜招待我，可见不在意我，没有诚意和我交往。

对他人感谢的话，我们习惯于谦虚地说：“不用谢，这是我应该做的。”而在外国人听来则可能认为你对他的帮助仅仅是迫于义务，从而造成误解。

总而言之，在和外国人交往中，需要慎重使用中国式谦虚；对待赞美或肯定，尽管欣然接受，说声“谢谢”。

邀请与做客礼仪

中外文化的差异，在邀请和做客方面，表现也有所不同。

邀请礼仪

一位美国教师在中国任教，中国同事总是对她说：“有空来坐坐。”可半年过去了，美国同事从来没有上过门。中国同事又对她说：“我真的欢迎你来家里坐坐。如果没空的话，随时打电话来聊聊也行。”一年下来，美国同事既没有来电话，也没有来访。奇怪的是，这位美国教师常为没人邀请她而苦恼。

中国人热情好客，但在具体做法上和国外有很大差别。

中国亲朋好友同事之间的串门很随便，邀请他人来访无须向对方确定时间，自己去探访他人无须郑重其事征得同意。甚至有时候直接临时上门，即使双方关系再一般，这时候主人也会热情接待。否则，就会被人们认为是不近情理、摆架子。

国外特别是西方，时间观念很强，往往都会提前把每天需要干什么事情都安排妥当。所以他们当然不希望有人突然来访，扰乱他们的计划，只有至亲好友才可以例外。

他们没有串门的习惯。一年内遇到像圣诞节等特别重大的节日，亲朋好友才到家里聚一聚。平时如果有事上门，应该提前几天写信或打电话预约：何事、日期、何时、何人。如果对方有事，便会主动和你另约时间。如果到不熟悉的人家去做客，在收到对方的答复时，往往还要再回一封信，以表明自己将准时赴约。没有得到对方的应允，随时随地随便上门是非常不礼貌的行为。如果对外国人说“有空来坐坐”或“有空就来”这类话，他们不会当真，不会当作这是邀请而赴约。

如果要请对方参加聚会或者正式的宴会，则要至少提前一两周以电话邀请甚至邀请函的形式进行邀请。邀请函上同样要注明具体时间、地点、邀请谁、着装要求。对一次活动来说，如果回绝了邀请，邀请者就不会再次邀请。

做客礼仪

外国人强调个人生活至上，对不期而至的造访不甚欢迎。即使双方关系再好，也不能未经约定就擅自登门。所以首先要向主人提出拜访的意向，然后按对方提议或同意的时间准时抵达，早到或迟到都是不礼貌的。多数情况下，礼节性拜访的时间安排在上午 10 点或下午 4 点左右。

在国外，应邀去做客不宜空手而去，应该带上价值不高的小礼品。具有中国民族特色的工艺品很受欢迎。也可以带上一束鲜花，但不能送菊花、石竹花、纸做的花和桃花；如果对方家里有孩子的话，带上些糖果作为礼物也是可以的。除鲜花外的礼物就用彩色包装纸精致地包装好。

赴约要准时。到达后，即使主人家的门是开着的，也要敲门或按门铃，得到允许之后再进门。如果家门口放有擦鞋的垫子或者毡子，应该先擦一擦鞋上的泥土再进门。戴帽子的人进门要摘帽，在房间里戴着帽子是不礼貌的。如果是雨天，要把雨具放到室外。

抵达主人家中时，应在其引导之下，进入指定的房间。大衣、外套进入室内就应脱下，主人一般会主动为你接过去挂起来，这时候只要说声“谢谢”就可以了。主人请你就座时，就要欣然坐下，否则主人就会以为椅子上不干净或者有其他不便。

如果女主人在，要先向女主人问好后再向男主人问好。如果主人家里还有其他朋友，只需要同主人和认识的人行见面礼，向其他不认识的人微笑点头致意就可以了。

如果家里有小孩，不可以用中国式的亲昵方式抚摸、亲拍孩子的身体任何部分，包括头和脸。

一位驻外的营销员，被同事邀请到家里做客。进门后看到同事4岁的男孩，蓝蓝的眼睛，红红的嘴唇，很讨人喜爱。他就忍不住在他头上轻轻抚摸了一下。没有想到那男孩子对他怒目而视，大声抗议道："你不是我的爸爸，别动我的头。"他尴尬地放下了手。

做客时，如果主人提供茶点招待，要礼貌地接受主人的好意，适当品尝一下，即使你不喜欢也不应拒绝。主人邀请喝饮料的话，如果确实需要，向主人表示谢谢就可以了，不宜用中国式的客套话诸如"不用不用"之类，否则主人会真的认为你不需要。

做客时，借用主人的电话是不礼貌的，特别是打长途电话。如果必须借用，要先征得同意，借用之后应该主动留下电话费。

不要随便吸烟。如果有女士和孩子在场则不能吸烟，即使问询是否可以抽烟都被认为是不礼貌的。如果没有女士或者孩子在场，想吸的话要先问问其他男士是否介意，除非是有人先吸烟。如果主人主动请你吸烟，即使你自己有烟，也要接受主人的烟。

当男士在脱帽、戴帽、鞠躬或和他人交谈时，应该熄灭烟。

不经主人的邀请和同意，切勿擅自进入主人的卧房以及其他私密空间。即使是较熟悉的朋友也不能任意翻动他家的物品、随意触动室内的摆设，更不能询问物品的价格。

注意Lady First

在《泰坦尼克号》等好莱坞大片中，我们经常可以看见女士“养尊处优”般被男士呵护的场面。在这样的场面中，女士显得更加优雅，男士显得更有风度。电影中，当船不幸撞到冰山、发生海难时，不少本可逃生的男士宁可自己待在即将沉没的客轮上，而把救生艇让给了女士。这一幕使人对这种真正的绅士风度的表现肃然起敬。

在东方文化中，男士往往备受尊重，这主要受封建礼制男尊女卑观念的影响。在现代社会，虽然东方文化也主张男女平等，但在有些时候男士的地位仍然较女士有优越性。

而在国外特别是西方国家，尊重女士是现代交际礼仪的原则之一，“女士优先”也成了国际社会公认的一条重要礼仪原则。是否遵循“女士优先”这一成规，成了评价男士是否有男子汉气概和绅士风度的首要标准。在一切社交场合，每位成年男士都有义务主动自觉地以自己实际行动，去尊重女士、体谅女士、保护女士，并想方设法、尽心竭力地为女士排忧解难。如果因为男士的不慎，而使女士陷于尴尬、困难的处境，意味着男士的失职。

“女士优先”原则还要求，在尊重、照顾、体谅、关心、保护女士等方面，男士对所有女士都一视同仁，不分她的年龄、社会地位、身份。

走路的时候，同行的男士应走靠外的一侧，女士则走贴近建筑物的一侧；如果两女一男同行，应让年长的或较弱小的一位女士走在中间；如果两男一女同行，则应让女士走在中间。

聚会时，女客人进入聚会场所，先到的男士应站起来迎接；和女士一起外出，应主动帮助拿一些笨重的东西，但不用帮助拎女士随身的小包。

有一次给一企业培训时，领导提到一个例子。几年前企业应邀去他们重要的某技术出口国访问，接待他们的是该国某部的部长。我方人员四人：老总、营销副总、翻译及一位年轻女助理。女助理一手拿着一个包，包里鼓鼓囊囊装着各种材料，老总、副总都空着手。该国部长见状，立即主动上前非要帮女助理提着包，说是不可以让女士这样。老总的脸色，那一刻无比尴尬。

进入汽车时，男士应先行打开最近的一扇车门，待女士坐定后，关上车门，绕过车后，再自己开门坐进车内。下车时，男士先开门下车，绕过车身，替女士开门，待女士完全离开汽车后，再关车门。

进入电梯时，如果是有人驾驶电梯，男士须先替女士挡住电梯门，女士进入后，自己才进入并按一下要去的楼层；抵达该楼层时，也须用手挡住电梯门，待女士完全走出后再快步跟上。如果是无人驾驶电梯，男士须先进入电梯并挡住电梯门请女士进入；到达楼层时应控制住电梯门请女士先出。

上楼梯或是电扶梯时，男士应走在女士后方，以防万一女士跌倒时可以搀扶；下楼时则相反，应由男士领前，道理和上楼梯相同。

进入旋转门时，如果门仍在旋转，则女士优先走入。如果门处于静止状态，则男士先入以便为女士转动旋转门。

看影剧时，同行男士应坐在最靠近走道的座位上。影剧结束时，男士应站在走道边等女士出来后，再一起走出影剧院。如果影剧结束时，因走道拥挤而不能并行，男士应走在女士的前面为其开道。

在公共场所，如巴士、轮船、火车上，一般来说男士不必让座给女士。一般比较有可能看到的情形是给孕妇、怀抱小婴儿或者残障女士让座。

进入餐厅时，女士应走在前面，即依序是：领位员、女士、男士。待服务人员替女士安顿好座位后，男士才能坐下。如果没有服务人员替女士服务时，男士应先走到女士的座位旁，替女士拉椅让座。

女士座位在隔邻，男士应主动招呼女士。席间有女士离席，这时候身旁的男士也应立即起身为其拉开椅子，让她方便离去，然后自己再坐下来；女士返回时，同样程序重复一次。

自助餐会时，主人宣布开始后，如果有女士的话，则男士要待在原位，待女士取完首轮后，男士再依序取用。

务必尊重他人隐私

电影《土婆婆洋媳妇》中，留洋博士魏国留学归来，而且还娶了洋媳妇爱玛。魏国将母亲从老家接来和他们同住，让母亲享享福，也带带孙子。虽然爱玛觉得和婆婆同住不能享受二人世界，在带孩子的理念、生活方式上差异也很大，但在魏国的努力下，也基本相安无事。一天晚上，爱玛浪漫地捧着一杯红酒享受小资情调时，发现她桌上的化妆品被动过了！原来，婆婆去她房间清洁桌子时打开香水好奇地闻了闻。爱玛积累已久的情绪一下爆发了：她无法生活在没有任何隐私的环境中。由此揭开了令魏国左右为难的婆媳大战。

有学者认为，中国是群体文化，所以在意他人的感受，并且积极地、语言直接地关爱他人，受关爱者也以此倍感温馨。

而西方及受其文化影响的地区，个体文化盛行。在此文化体系之下，突出强调个体感受，普遍讲究尊重个人隐私，并且将尊重个人隐私与否，作为衡量一个人是否有教养、是否尊重他人的重要标志之一。他们认为，凡是关于自己的、无关他人的事，他人就无权过问，如果谁蓄意打听并传播，便是侵犯了隐私权。即使去医院看病，医生从来都是单独与病人讨论病情，如果是夫妻同在，另一方也想和医生一起讨论病情，也必须获得患病者本人的同意。

在美国，对于私人住宅内部活动，如果未经当事人同意，就连拍摄照片都被认为是侵犯个人隐私的行为，都是非法的。即使是美国总统，没有获得允许也不得踏入民宅半步。

美国前第一夫人杰奎琳改嫁希腊船王后，自由摄影师加雷拉利用长焦镜头偷拍杰奎琳在私人住宅的画面以及肯尼迪的小孩在私立学校中的镜头。于是法院判决加雷拉的行为构成侵犯个人隐私，判决加雷拉不能近距离接触杰奎琳，必须与杰奎琳保持25英尺以上的距离，而与肯尼迪的小孩保持30英尺以上的距离。

私人物品是不允许被“动”的，即使是夫妻之间。如果收到一封信，只有收信者本人有权拆，而其他任何人拆了，收信人都有权告他侵犯隐私权。

中国人的隐私观念相对比较淡薄，讲究团结友爱、相互关心，所以往往很愿了解、体谅他人的酸甜苦辣，对方也往往愿意坦诚相告。而外国人则非常注重个人隐私，不愿意向他人过多提及自己的事情，更不愿意让他人干预。像中国人第一次见面往往会询问对方的年龄、婚姻状况、儿女、职业，甚至收入，这样的询问在中国人眼里是一种关爱，并常常以此为话题拉近距离，但在外国人眼里却认为这侵犯了他们的隐私。

在中国，熟人相遇时往往无所顾忌地说：“近来发财了？看你都发福了！”“呀，你瘦了，都忙啥了？”人们认为这是在关心他。而在国外如果这么问，即使关系很熟，也会让他们感到尴尬和难以回答，他们认为这样问是极不礼貌的。

与人交往中，以下都被视为个人隐私：

收入支出。收入反映一个人的能力和地位，关系着自己的脸面，所以忌讳他人打听。如果一个人探听他人的收入，则可能有炫耀之嫌。此外还包括个人的支出，如纳税数额、银行存款等与收入相关的问题。（如图 9–2 所示）

年龄大小。外国人无论男女都希望自己永远年轻，永不言老。特别是外国女士，更忌讳他人知道她的实际年龄。

恋爱婚姻。如果向异性打听婚姻、爱情问题，则难免会有被认为别有居心，招来误会。

身体状况。外国人十分反感他人对自己的健康状况关注过多。

家庭住址。外国人视自己的私人居所为私人领地，不喜欢他人干扰。除非至交，否则一般不会邀请外人去家里做客。

个人经历。如曾经在哪里工作过等问题，这绝对是个人的事情，他人不必知道。

所忙何事。外国人不喜欢他人询问最近忙什么等的问题，即使关系亲近的人，这样问也会被认为是不礼貌的。

图 9-2　问他人收入是失礼的

商务礼品馈赠礼仪

几年前，某单位应邀去法国访问，法方送给他们每人一份精致的小纪念品。中方老总认为法方太小气，私下对助理说："太小气了，万里迢迢来，就送这么个小玩意儿，顶多值100块钱吧！下次回访，让他们知道什么是待客之道。"后来法方回访，中方老总代表公司给法方几位贵宾每人定制了一份精美的礼品，价值好几千。令中方没有想到的是，法方竟然拒绝接受礼品，他们表示，感谢他们的好意，但接受这样贵重的礼品是在受贿，分明是在使他们难堪，无法达成合作。中方老总的"待客之道"，却得到适得其反的效果。

无论在哪个国家，初次交往中，交往双方互赠礼品是基本的交往之道。恰当的礼品可以有效地表达彼此的善意和良好祝愿。

鉴于风俗习惯的不同，无论是礼品选择还是赠礼、受礼，中外都有很大不同。中国人在选择礼品时，往往认为价值高的就是好的，价值低了"拿不出手"，不太注重礼品的包装，甚至不包装；认为送现金或营养品是非常实用的方式；在赠送的时候也倍加谦虚，会说"随便买的""也是别人送的，放在家里没用"之类，接受者也是再三推辞，最后才"勉强"收下。

在国外，选择礼品时，特别要注意分析交往对象的心理，投其所好地选择本地具有地方或民族特色的物品。这样的礼品在任何人看来都是最有纪念意义的。挑选时要考虑到受礼人的性格、爱好与品位；要考虑到不同的国家、民族或地区不同的风俗习惯，因为同一件物品，在一个地区是受人欢迎的，在另一个地方则未必。

礼品本是表达善意和良好愿望的，但禁忌也是任何人都不能触及的“雷区”。一旦触犯，就会产生相反的效果。所以不要触犯对方的宗教禁忌、民族禁忌和个人禁忌。

要注意礼品的品种、色彩、图案、形状、数目和包装。总体来说，现金和有价证券、贵重的珠宝首饰、药品与营养品、广告类的或宣传用品（上面有单位名称或广告语的物品）、为受礼人所忌讳的物品、涉及国家或商业机密的物品、私人物品（如内衣、化妆品）等，都不宜作为商务礼品。水果一般不作为礼品赠送。应邀去家里做客，很多国家流行送酒，但只送一瓶；如果送两瓶，来个“好事成双”，反而会被认为你嫌他是个酒鬼了。

另外，赠送礼品不必太多考虑礼物的实用性，也不能选择太昂贵的，最好能和对方所赠送的价值差不多，并要有观赏价值和品位。还应注意礼品的包装，外国人认为礼品的包装也属于礼品的组成部分，甚至有时候包装所花的费用比礼品本身价值还高。

所不同的是，送给阿拉伯人的应是贵重礼品，这样他们才会认为符合礼节。他们在赠礼后，同时也希望收到同样贵重的回礼，因为阿拉伯人认为来而不往是有失尊严的事情。喜欢丰富多彩的礼品，喜欢“名牌”货，而不喜欢不起眼的古董。送礼品给阿拉伯人的妻子被认为是冒犯。

在国外，赠送礼品时要郑重其事地双手递给对方，并说“这是我精心挑选的，希望您喜欢”之类的话。像中国式“这是随便买的”“不值几个钱”等客套话，会让他们觉得你真的是随便买的、并不在意这份友谊。如果能够在对方欣赏礼物的同时，将礼物的背景、内涵和意义等逐一解释给对方听，甚至适时地插入一些历史典故，当然更好了。（如图 9–3 所示）

当接受他人赠送的礼品时，应恭敬有礼地双手接过，并同时致谢。如果用中国式的再三推辞，这时候会被外国人理解为真的不接受这份礼品而只好尴尬地收回。如包装好的礼品，还应当面拆开后对礼品夸奖一番。如果是收到寄来的或派人送来的礼品，要及时复寄一张名片或简函，以示谢意。

国外商务旅行礼仪

来自《法制晚报》的消息说：美国第二大团购网站 Living Social 日前发布的调查结果称，在美国、加拿大和澳大利亚人心目中的全球最差游客排第二的是中国游客。中国游客被认为不讲卫生、不懂礼节、不遵守公共秩序；在机场禁区办手续和进行安检时践踏黄线，在飞机上争夺行李架空位……

图 9-3　馈赠岂能“随便”

出国旅行时，首先要准备齐重要的证件票据。类似机票、护照、身份证这样的东西非常重要，不但要谨慎保管，而且在出发前还有必要多复印几份留在家里备用。另外，证件照片、外币、信用卡，甚至国际驾照、有效的联系电话等，最好也分门别类地整理好放在随身携带的包里，这样需要使用时就能加快办理各种手续的速度。

在欧洲，饭店内电源插头的插孔大都是圆的，电压有的国家是110伏，有的国家220伏，这些都要提前了解清楚。西方国家很多饭店都不配备牙具、剃须刀和拖鞋，最好自带；大部分饭店不提供电热壶或者热开水，如果喜欢喝热水的话，可以随身带一个电热杯。

可能很多人都还记得当年风靡一时的电影《不见不散》中的一幕：刘元把一批从内地来洛杉矶的游客安顿到当地旅馆中，晚上他们冲刘元大叫："美国旅馆怎么连热水都没有……"

需要准备常用药。VC、感冒药、创可贴、消炎药、止痛药等要带在身边。必要的处方药还要请医生开具病历单并用英文（或相应所在国的文字）书写，这样在国外必要时，可以尽快获得药物治疗，既可省却排队候诊、医生问诊的时间，还能节约费用。

有的国家购买隐形眼镜需要有医生的处方证明。如果用日抛型隐形眼镜，最好准备足够的数量。

对女士来说，去伊斯兰国家应该准备头巾，去佛教国家不宜穿短裤短裙。商务往来的话，还应准备一些小礼物，无论是较正式的公务会谈还是私人间的交往，一件精心准备的小礼物会让自己更受欢迎。即使是纯粹的外出旅游，适当带几件有特色的小礼物给当地的导游、陪同等，也会备受欢迎。

在公共交通工具上，无论飞机还是火车，牢记四句箴言："爱护环境、遵守秩序、保持安静、尊重他人"。或许在中国内地没人和你计较这些，可一旦在国外，必须要注意，否则就可能不仅仅是不礼貌的问题了。即使不熟悉外语，建议学几句急用的外语对话，哪怕写在纸上放在口袋里也行，避免出现意外情况时无法沟通而产生误解。

据2012年2月21日的《广州日报》报道：一架即将从关岛飞往中国的飞机上，一对中国夫妇对美国空姐请他们变动包的位置以方便其他乘客放行李的建议置之不理，并对空姐连续大喊"You shut up"。结果最终被五名荷枪实弹的美国警察"请"下了飞机。

在酒店里住宿，当门童为自己开启大门，或向自己问好的时候，要表示感谢或予以回应。碰上酒店保安因职责所在打量或盘问自己的时候，要予以理解和合作。当接受酒店里所提供的各项服务时，对为自己服务的工作人员同样要充分尊重和体谅。另外，穿着睡衣、拖鞋走出客房，以及在酒店内或窗外晾晒个人衣物，都是被认为没有修养的行为。

档次越高的酒店设备越先进，遇有不明白的地方，可以直接向服务员询问。而且有任何疑问或其他难题，都可以向客房服务员、总服务台或公共关系部门咨询或求助。

国外乘出租车和国内有所不同。在国外有些国家，必须在出租车招呼站才能叫到出租车，除非刚巧碰到有人下车的出租车才能直接上。意大利则是被称为“打不着出租车的国度”，因为意大利出租车多设在机场、火车站和市中心的一些广场，用车一般要打电话预约。在英国，打电话叫出租车非常方便，如果在路上拦到了空车，价格会比预约的贵不少。在韩国，打电话叫的出租车往往是高档的，价格也较贵。在巴黎乘出租车时，坐到副驾驶座之前，先看一下有没有宠物狗的标志，如果有就意味着那是狗专席，乘客只能坐在后面。

和国内不一样的还有小费问题。在酒店，小费占消费总额的10%~15%；在餐厅，小费占消费总额的5%~20%；出租车，小费一般为15%左右；在酒吧，小费占消费总额的15%。宾馆门童，应该在1美元左右；客房服务员的小费在1~2美元；在机场、港口、火车站，一般一件行李给行李员0.5~1美元；观看影剧时，给领位员和节目单发放者的小费为0.5~1美元。但在日本、新加坡则不用付小费。

国际商务谈判礼仪

作为公司的谈判高手，冯经理被委任为首席谈判代表和日本公司谈判。这是公司拓展国际业务后的首次重要谈判。冯经理自信满满，但结果却以失利而结束。

谈判中，冯经理他们高兴地发现，每当他们提出一个意见时，日方代表都微笑点头。他以为这次谈判特别顺利，“日本人很讲究效率嘛”。直到他拿出合同样本给对方时才震惊地发现，日本人并没有同意他们的任何条款！这一下子把冯经理他们的安排全打乱了。原来，以讲究礼仪著称的日本人，在谈判中点头仅仅是一种礼貌，表示“我听到了”，并不表示对方同意你的任何观点。（如图 9-4 所示）

不同的文化背景、思维习惯，在国际商务谈判上表现得尤为明显。国际交往中，要获得最佳的谈判效果，必须对不同的谈判礼仪有所了解。

不管和哪国客户合作，我们都应表现出自信：对产品自信，对服务自信，对民族自信，然后平等、友善地交往，真诚地谈判、合作。对大国的客户不低声下气，对小国的客户不居高自傲。

我们中国人喜欢在处理细节问题之前，先就双方关系的一般原则取得一致意见，把具体问题安排到以后的谈判中去解决，即“先谈原则，后谈细节”。在商务谈判过程中，非常注意维护面子，看重立场、重视友谊。所以即使是对方做出让步，也说是“双赢”，觉得这样才是“和为贵”。

而大部分国家的人谈判时，习惯于“先谈细节，避免讨论原则”。认为细节是问题的本质，细节不清楚，问题实际上就没有得到

图 9-4　日本人的点头并不意味认同

解决，原则只不过是一些仪式性的声明而已。所以，他们比较愿意在细节上多动脑筋，把利益看得比立场更重要，对于原则性的立场问题讨论比较松懈。在谈判中对待事物的态度，取决于其是否能为自己带来实际价值，是否会损害自己的利益。

国际商务谈判中，不迟到是基本礼貌。而且交谈中应尊重当地习俗，不对他国的政治、宗教等妄加评论，也不宜主动谈论私事。一些日常禁忌的礼仪行为在谈判中同样要注意，比如谈判中跷起二郎腿、目中无人地抽烟等。另外，在西方、日本等发达国家，和他们商务谈判时强调自己的政府背景或政府特殊支持，会被他们理解为不一定能严格按市场规则办事，双方合作意味着难以保证他们的利益。

美国人谈判，注重预约晤谈。时间、地点、谈多久，都是预先约定。双方见面之后，稍作寒暄，便开门见山，直接进入谈判正题，很少有不必要的废话。而且非常重视律师与合同的作用，谈判时他们尽可能让律师参加。

德国人谈判时，严忌谈判期间神聊或节外生枝地闲谈。

和英国人谈判时，不要拒绝同主人一起去打高尔夫球，因为很多合同往往是在打高尔夫球期间签订的。英国人谈判时欣赏对手提建设性意见。所以应利用他们的“修养与风度”，耐心细致地启发诱导，并佐之以有说服力的证明材料，有理有据而平和婉转地点出问题，使其出于面子不得不放弃原有立场。

和意大利人谈判时，要把关系的融洽和谈判的利益区别开来，保持清醒的头脑。

和葡萄牙、西班牙商人谈判时，切忌不要过分地开诚布公，也不要一下子和盘托出自己的意见，否则会陷入被动。

比利时人注重地位、外表和服装，他们认为谈判对手也应该这样。和他们谈判时，要注意尊重对方，维护其较强的自尊心。

初次和日本、韩国人谈判的时候，通常都要经过中间人。和日方谈判，要把保全他们的面子作为需要注意的首要问题，而耐心是谈判成功的保证。日本人是集体决策，所以可能会多人反复问同一个问题，不要表现得不耐烦。忌用律师、会计师和其他职业顾问作为主要谈判人员。如果有日方高级官员在场，他们的作用只是礼仪上的，和他们讨价还价没有用。日本人把谈判中先做出单方面让步看作是弱者，或言行不一的人。他们在谈判中的“点头”仅是一种礼貌，表示“听到了”，并没有同意或者接受你的观点。

新加坡人以勤奋闻名，通常谈判是快节奏的，常以渐进的方式做出让步，开始时幅度较小，以后每次谈判再做大的让步。

和印尼人的谈判过程一般较漫长，要有足够的耐心。谈判可以在高级行政人员之间或下级具体执行人之间展开。如果有条件聘用当地代理人则更利于谈判。

和印度人谈判前要做好充分准备，多以事实和数据说话。由于他们的决策来自上层，所以应尽可能地直接与高层人士打交道。谈判中尽可能避免发生争议，一旦发生争议，则应想办法控制局面，转移问题的焦点，避免纠缠不清。

中东各国人不习惯谈判一开始就转入正题，认为这样有失身份。在谈判前和谈判开始时，要主动热情地进行广泛友好的交流，选择他们喜欢的话题，甚至先请他们喝上一杯咖啡，使双方心情放松。时间观念相对较松散，在充分准备的前提下要注意耐心周旋，步步为营，不能操之过急，以防止对方突然中断谈判。

和中南美洲人谈判要尊重他们的自尊心和礼俗。洽谈时把握分寸，留有余地，尽量加强感情的交流，增强谈判桌外的交往，以增进相互了解与友谊。最好不要只局限于谈判本身。

小提示大道理

世界各地见面礼仪繁多，或许会遇到我们不熟悉的礼节。对此，我们可以用“照做”的方式来处理，即主人如何做，我们也学着如何做，如握手、贴面、碰鼻等。这是行之有效的应急方式。